OSHO

Sieben Himmel
Sieben Höllen

Liebe leben im Alltag

1. Auflage 2003
Umschlaggestaltung: Bunda S. Watermeier
Übersetzung: Prem Nirvano

Dieses Buch ist eine Zusammenstellung von Texten aus unterschiedlichen Vorträgen Oshos

Druck: Westermann Druck Zwickau GmbH, Zwickau
Printed in Germany

ISBN 3-936360-62-6

Liebe kennt keine Schrift, keine Regel,
keine Dogmen und Prinzipien.
Liebe ist einfach – einfach da.
Osho

Inhalt

Dornen sind so wichtig wie Rosen

Eine Beziehung ist nicht nur auf Rosen gebettet. Ihr habt eure Flitterwochen so richtig ausgekostet – jetzt ist irgendwann die Kehrseite fällig. Und die Kehrseite ist genauso wichtig wie die Flitterwochen... Die Dornen sind so wichtig wie die Rosen.

Es gibt Dinge, die lassen sich nur durch Leiden erlernen. Ein paar Dinge kann man durch Glücklichsein lernen, ein paar Dinge kann man nur durch Unglücklichsein und Trauer lernen. Ein paar Dinge kann man durch Mitgefühl, Liebe lernen und ein paar Dinge werden durch Wut und Feinseligkeit gelernt.

Wenn einer nicht weiß, was Feindseligkeit ist, wird ihm etwas fehlen. Er wird zu süß sein; er wird kein bisschen Salz in sich haben und er wird fade werden. Diese Gegensätze machen das Leben reich. Haltet euch – während ihr die erste Phase durchlebt, in der ihr miteinander glücklich seid – stets eines vor Augen, nämlich dass ihr, egal was passiert, nicht umhin kommen werdet, auch die zweite Phase zu durchleben.

Vor allem eines prägt euch gut ein: Solltet ihr euch je trennen, dann trennt euch nie in einer negativen Verfassung. Trennen dürft ihr euch erst, wenn wieder Flitterwochen sind. Nehmt euch das von Anfang an vor, fasst diesen Beschluss, und der wird sich dann bewusst auf euer Inneres auswirken und eine vorsätzliche Arbeit daraus machen.

Es ist sehr leicht glücklich zu sein, wenn man glücklich ist. Die eigentliche Arbeit beginnt erst dann, wenn euch die Situation gegen den Strich geht. Aber wenn ihr dann wenigstens ruhig und gelassen bleiben könnt, wenn auch nicht glücklich, werdet ihr bald eine neue Art von Glück in euch aufsteigen fühlen – eines, das euch gestatten wird Stürmen zu trotzen und dennoch nicht aus der Fassung zu geraten. Und zweifellos geht dieses Glück tiefer als das gewöhnliche Flitterwochen-Glück... das ist sehr oberflächlich.

Nehmt euch also fest vor: Dass ihr, solltet ihr euch eines Tages trennen wollen, so lange abwarten werdet, bis ihr euch wieder wohl fühlt und die Flitterwochen beginnen. Dann dürft ihr euch trennen; aber wartet erst diesen Punkt wieder ab.

Es ist ein Rad – er wird wiederkommen. So wie ihr an den jetzigen Punkt gekommen seid, wird auch der andere wiederkommen. Und diesmal wird er mehr Tiefe haben, mehr Höhe haben. Dann werdet ihr eines begriffen haben, nämlich dass das Rad jedes Mal, wenn es sich abwärts neigt und ihr unglücklich werdet, in eine neue Schicht, eine tiefere Schicht eures Wesens vordringt. Also braucht ihr nur abzuwarten: Das Rad wird wieder aufwärts steigen, und diesmal hinauf zu einer höheren Ekstase. Tatsächlich gibt es sieben Schichten und gibt es sieben Flitterwochen, und mit all diesen Flitterwochen sieben Höllen.

Aufgrund dieser Sieben haben die Inder ein besonderes Hochzeitsritual entwickelt: Jedes Brautpaar muss siebenmal ums Feuer schreiten. Das ist äußerst symbolisch, äußerst psychologisch.

Der Westen hat keine Ahnung davon, was Ehe heißt. Eine Ehe ist keine so flüchtige Sache... sie braucht Zeit, bis sie Wurzeln schlägt. Zwei Menschen sind nichts Gewöhnliches ... große Potenziale, Unendlichkeiten. Die Verschmelzung von zwei Personen, von zwei bewussten Wesen, löst die größte chemische Reaktion aus, die es auf der ganzen Welt gibt. Dem anderen zu begegnen – ihm in Einklang zu begegnen, ihm in tiefer innerer Harmonie zu begegnen –, das ist nicht einfach. Die ersten Flitterwochen besagen also gar nichts. Die zweiten sind da schon höher und die dritten noch höher, aber zwischen all diesen Flitterwochen kommt jedes Mal eine schauderhafte Hölle.

Aber ihr braucht nichts zu befürchten ...

Jäger und Gejagte

Die Liebe ist wirklich ein kompliziertes Spiel: Der eine bleibt der Jagende und der andere der Gejagte. Wenn du der Jagende bist, ist deine Frau die Gejagte. Sie will dir entkommen – nur so kann das Spiel stattfinden. Denn sonst – wieso solltest du sie dann jagen? Wenn sie einfach von vornherein da ist, nur für dich, dann hört das Jagen auf. Du kannst sie nur dann jagen, wenn sie davonrennt, auf die eine oder andere Art. Wenn du aufhörst sie zu jagen, wird sie aller Wahrscheinlichkeit nach anfangen dich zu jagen... aber dann wirst du rennen müssen!

Es lohnt sich, dieses Spiel unter die Lupe zu nehmen. Deine Frau liebt dich, sie kann nicht von dir lassen, sie kann ohne dich nicht glücklich sein, aber sie ist die Gejagte und du bist der Jäger. Und dies ist nur ein Spiel, damit die Jagd weitergeht. Also fängt sie an von jemand anderem zu träumen. Sie kann in Wirklichkeit gar nicht zu einem andern gehen, sonst wäre sie nicht glücklich. Sie würde nur mit Gewalt von deiner Seite weichen, sonst nie und nimmer. Aber diese ständige Vorstellung vom ‚Weggehen' sorgt dafür, dass sie weiterhin vor dir davonläuft und du hinter ihr herläufst.

Aber keiner von euch beiden bewegt sich vom Fleck. Was also tun? Ihr sitzt fest miteinander und so steigt Langeweile auf. Das ist weit schlimmer! Dass ihre Gedanken zu einem andern wandern, erhält die ganze Sache am Leben. Sie will nicht, dass du sie für gegeben ansiehst. Und ich will damit nicht sagen, dass sie das alles absichtlich inszeniert. Das sind nur unbewusste Spielchen und die gehen so lange weiter, bis ihr restlos bewusst geworden seid.

Sich Ver-lieben

Wir sprechen immer vom ‚Ver-lieben' (falling in love) …, weil man darauf keinen Einfluss hat und es einfach passiert. Man kann Widerstand leisten und versuchen sich nicht zu verlieben. Man kann dickköpfig, kann hart und unerbittlich sein – dann verliert, verliebt man sich eben nicht. Aber wenn man sich verliebt, tut man überhaupt nichts dazu. Du lässt lediglich zu, dass jemand von dir Besitz ergreift, dich besitzt. Geburt ist auch so etwas, das einfach passiert; Wachstum auch, die Liebe auch, und eines Tages wird auch der Tod kommen. All das passiert einfach so und du kannst nichts daran ändern.

Kooperiere also einfach mit dem, was ohnehin abläuft. Du zum Beispiel bist jetzt verliebt, also geh mit der Liebe mit. Ich sehe nicht viele Menschen mit der Liebe kooperieren. Stattdessen wird Liebe zum Kampf, werden Liebende zu Feinden. Immerzu streiten und manipulieren sie sich und wollen das Heft in die Hand nehmen, bei den albernsten Dingen…, dabei ist das alles Unsinn!

Liebende sollten kooperieren und ihre Energien sollten eins werden. Trotz all ihrer Streitereien schaffen Liebende es aber irgendwie noch, selige Augenblicke zu finden. Stellt euch also einfach mal vor, was passieren würde, wenn ihr kooperieren würdet! Stellt euch einfach mal vor: Keinerlei Streit und es waltet eine so tiefe Harmonie, dass beide eins geworden sind und die Grenzen vage und verschwommen geworden sind. Keiner weiß mehr genau, wo er aufhört und der Partner anfängt. Ihr habt einander so tief durchdrungen, dass ihr nicht mehr wisst, auf wessen Boden ihr euch befindet oder wer eigentlich wer ist. In tiefer Liebe treten Augenblicke ein, da die Frau zum Mann und der Mann zur Frau wird.

Wenn diese Harmonie eintritt, dann öffnet sich für euch der Himmel bis in alle Ewigkeit. Dann ist das nicht nur ein kurzer Augenblick, sondern wird für euch zu einem Seinszustand. Was wir uns alles entgehen lassen… unnötigerweise! Dabei brauchen wir es uns gar nicht entgehen zu lassen, man braucht es nur zutiefst zu verstehen.

Leidenschaft und Mitgefühl

Es muss nicht immer Leidenschaft sein; Mit-leidenschaft – Mitgefühl reicht vollauf. Und es ist letzten Endes befriedigender... Leidenschaft ist nicht so befriedigend. Was in deiner Beziehung fehlt, ist nicht Leidenschaft, sondern Mitgefühl.

Es ist nicht nötig, in diesem heißen Zustand zu leben. Nach und nach kühlt jede Beziehung langsam ab... sie muss es! Und wenn du den anderen liebst, wenn du Mitgefühl für den anderen hast, geht nichts dadurch verloren. Ja, euer Sex wird tiefer. Sex mit Hitze ist oberflächlich. Sicher, er hat Intensität, aber er ist oberflächlich. Er ist fieberhaft, ergreift Besitz von dir. Plötzlich ist er da und dann ist er wieder weg; er ist wie ein Sturm. Er hat nicht viel Nährendes. Er ist wie ein plötzlicher Wolkenbruch, der aber keine Nahrung bringt.

Ein Regen, der sich länger hinzieht, der andauert, nicht so schwer ist, bringt der Erde mehr Nahrung. Liebe – nicht sehr hitzig, dafür aber sehr mitfühlend – dauert länger, geht tiefer, nährt mehr.

Meinem Gefühl nach fehlt das Mitgefühl; vergiss die Leidenschaft. Wenn keine da ist, ist keine da. Kein Grund, dir Gedanken zu machen. Die legt sich immer; nur im Anfangsstadium sind Liebende heiß. Man kann nicht ewig heiß bleiben und man braucht es auch nicht – es ist zerstörerisch.

Liebe und Glück

Abend für Abend muss ich zu Verliebten sprechen und immer sind sie unglücklich. Ganz selten sind sie mal glücklich – und jedes Mal, wenn das der Fall ist, interessieren sie sich nicht sonderlich für die Liebe sondern eher fürs Glück. Ihr Interesse gilt mehr einem wohl ausgewogenen Leben – eines, das empfindlicher, mitfühlender, freundlicher ist. Es geht ihnen nicht um die Höhenflüge der Flitterwochen, sie haben sich fürs Wohnen in irdischen Gefilden entschieden. Sie leben nicht mehr im Wolkenkuckucksheim.

Dann kann es vorkommen, dass Liebende glücklich sind – aber dann sind sie nicht aufgrund von Liebe glücklich, vergesst das nicht. Sie sind aus anderen Überlegungen heraus glücklich. Sie haben begriffen, dass man, um glücklich zu sein, sich mit so manchem abfinden muss, dass man so manchen Kompromiss machen muss. Das Leben ist ein Kompromiss, ein ständiges Kompromissemachen. Wenn du das eine willst, musst du auf das andere verzichten. Du kannst nicht deinen Kuchen behalten und auch noch aufessen – es ist immer ein Kompromiss.

Glückliche Paare sind diejenigen, die in dieser Hinsicht keine romantischen Vorstellungen haben..., sondern an einen Punkt gelangt sind, wo man durch viele schmerzhafte Erfahrungen hindurch muss. Und ihr seid jung genug, also macht noch ein paar mehr davon, und dann dämmert nach und nach die Einsicht – dass eine Beziehung nicht nur auf Liebe beruhen kann. Wer versucht, immer nur von der Liebe zu leben und nichts weiter sonst, läuft Gefahr…, dass er stirbt!

Wenn ihr also manchmal auf ein glückliches Paar stoßt, dann macht euch klar, dass sie nicht aufgrund der Liebe glücklich sind. Niemand ist nur aufgrund der Liebe glücklich. Liebe ist ein fiebernder Zustand, eine Art von Neurose, ein Wahn. Sie lässt einen die Wände hochgehen und Dinge erwarten, die nicht möglich sind. Wenn dies nicht möglich ist und wenn dies nicht eintritt, kommt es zu einer massiven Frustration. Weil Liebe zu Hoffnung führt, führt sie zu Frustration.

Liebe ist gut und sie ist auch Nahrung, aber der Mensch lebt nicht von Liebe allein. Jesus sagt: „Der Mensch lebt nicht von Brot allein"; ich aber sage euch: Der Mensch lebt auch nicht von Liebe allein.

Aber jede neue Generation ist immer unsterblich in die Liebe verliebt und praktisch immer ist es dann so, dass wenn man schließlich etwas älter geworden ist und etwas mehr vom Leben versteht, wenn man also endlich glücklich sein kann…, dass dann das Leben vorbei ist. Wenn einer ein bisschen weiser und vernünftiger geworden ist, ist die Energie alle, ist das Leben aus. Wenn einer voller Leben und Energie ist und in die stürmische Welt hinauszieht, ist er nicht weise.

Je mehr Beziehungen ihr durchlebt, desto einsichtiger werdet ihr werden – und diese Einsicht wird euch helfen, den Partner zu finden, mit dem ihr es länger aushalten könnt, glücklicher sein könnt. Das wird dann keine törichte Liebesbeziehung mehr sein. Liebe wird dabei zwar eine Zutat sein, aber die Beziehung wird mehr auf Einsicht beruhen.

Liebe taugt als Chutney, hmm? (Lachen) Aber macht keine ganze Mahlzeit daraus. Sie macht sie geschmackvoller und leckerer, aber mehr auch nicht...

Abhängigkeit – Unabhängigkeit – In Synchronizität sein

Liebe kann drei Dimensionen haben. Die erste ist die der Abhängigkeit – so erleben sie die meisten Leute. Der Mann ist abhängig von seiner Frau, die Frau ist abhängig von ihrem Mann; sie beuten einander aus, sie beherrschen einander, sie ergreifen Besitz von einander, sie setzen einander zur Ware herab. In neunundneunzig Prozent aller Fälle ist es dies, was sich auf der Welt abspielt. Daher öffnet die Liebe, die die Pforten des Paradieses zu öffnen vermag, nur die Pforten der Hölle.

Die zweite Möglichkeit ist Liebe zwischen zwei unabhängigen Menschen. Auch das kommt gelegentlich vor. Aber auch das bringt Unglück, weil es ständig Konflikte gibt. Keine Anpassung ist möglich; beide sind sie so unabhängig, dass keiner bereit ist einzulenken, sich dem anderen anzupassen. Mit Dichtern, Künstlern, Denkern, Wissenschaftlern, kurz allen, die in einer Art Unabhängigkeit leben, zumindest in der Einbildung, kann man kaum auskommen; sie sind zu exzentrisch für jegliches Zusammenleben. Sie lassen dem Partner zwar Freiheit, aber diese Freiheit sieht mehr nach Gleichgültigkeit aus denn nach Freiheit, sieht eher danach aus, als wäre ihnen alles egal, als könnte es sie nicht kratzen. Sie überlassen einander sich selbst. Ihre Beziehung scheint nur oberflächlich zu sein; sie haben Angst davor, sich tiefer aufeinander einzulassen, weil ihnen ihre Freiheit wichtiger ist als die Liebe und sie keine Abstriche machen wollen.

Und die dritte Möglichkeit ist die der Interdependenz – der wechselseitigen Abhängigkeit. Dazu kommt es nur ganz selten, aber wenn es dazu kommt, tut sich eine Art Paradies auf Erden auf. Zwei Menschen, die weder unabhängig noch abhängig sind, sondern in einer unglaublichen Synchronizität leben, als atmeten sie füreinander, als wären sie eine Seele in zwei Körpern. Wenn es dazu kommt, geschieht Liebe. Nennt nur dies „Liebe"!

Die anderen beiden sind eigentlich gar keine Liebe, sondern nur Arrangements – gesellschaftliche, psychologische, biologische… aber Arrangements. Die dritte ist etwas Spirituelles.

Eine andauernde Affäre

Der Held in einem der Romane Rabindranath Tagores... der Titel ist „Aakhari Kavita“, was „Das letzte Gedicht“ heißt; es ist kein Gedichtband, sondern ein Roman, nur lautet sein Titel „Das letzte Gedicht“ – der Held also will eine äußerst kultivierte und gebildete Frau heiraten. Sie ist sehr reich und sehr schön und ist auch bereit – aber nur unter einer Bedingung: Und zwar ist ... sie besitzt einen großen See, gleich hinter ihrem Palast... die Bedingung wie folgt: „Ich lasse dir einen anderen Palast auf der gegenüberliegenden Seite dieses Sees bauen, meilenweit weg. Man kann nicht vom einen Palast zum anderen sehen. Ich werde dir ein Boot geben, aber wir werden in getrennten Häusern wohnen und wir werden uns auch nie einladen. Wir werden es dem Zufall überlassen... du machst eine Bootsfahrt, ich mach eine Bootsfahrt und plötzlich begegnen wir uns auf dem See. Du machst grad einen Morgenspaziergang ich mach grad einen Morgenspaziergang, und plötzlich begegnen wir uns irgendwo unter den Bäumen. Nur keine Einladung. So wird unsere Beziehung immer jung bleiben, immer frisch bleiben, immer Flitterwochen, Flitterwochen ohne Ende.“

Der Mann konnte das nicht verstehen. Er sagte: „Und so etwas nennst du eine Ehe? Wenn wir nicht zusammen leben, ist es auch keine Ehe.“

Die Frau antwortete ihm: „Überleg es dir. Aber ich

kann nicht mit dir leben, weil ich weiß, dass das Zusammenleben das töten wird, was das Wichtigste zwischen uns ist. Und ich möchte das nicht töten. Du kannst gern eine andere heiraten, das macht nichts. In meinen Träumen, in meinen Erinnerungen werde ich dich immer im Gedächtnis bewahren und all diese goldenen Augenblicke, die sich zwischen uns abgespielt haben. Aber ich werde keine feste Beziehung zulassen."

Damit vermittelt euch Rabindranath eine Vorstellung davon, was eine flexible Beziehung bedeutet. Ja nicht einmal eine Beziehung, sondern nur eine Liebesaffäre, die immer weitergeht, und die nicht auf dem Standesamt endet, um zu heiraten.

Solange zwischen euch keine Entfernung ist, könnt ihr einander nicht nahe sein. Wenn ihr immer distanziert bleibt, wird die Liebe sterben. Wenn ihr euch immer nahe seid, wird die Liebe sterben.

Liebe kann nur in einer unentwegt fließenden Beziehung überleben – ohne Fesseln, ohne Ketten, ohne Einkerkerung.

Intimfeindschaft Ehe

Es verhält sich so mit allen polaren Gegensätzen: mit dem Negativpol und dem Positivpol, der Liebe und dem Hass, der Schönheit und der Hässlichkeit, dem Tag und der Nacht, dem Sommer und dem Winter. Und genauso mit Mann und Frau.

Der Mann kann nicht ohne die Frau leben und die Frau kann nicht ohne den Mann leben. Alle beide stecken sie in einem dialektischen Prozess. Zwischen diesen beiden Polen findet sowohl Anziehung als auch Abstoßung statt, weil Anziehung und Abstoßung nicht zu trennen sind. Also fühlst du dich von der Frau oder vom Mann angezogen und gleichzeitig abgestoßen. Ein Teil von dir möchte mit der Frau zusammensein, ein Teil von dir möchte lieber allein sein.

So sitzt du also immerzu zwischen zwei Stühlen. Kaum bist du mit der Frau oder dem Mann zusammen, meldet sich schon die Sehnsucht nach Freiheit – ganz für dich zu leben, allein zu sein. Auf einmal wird dir Alleinsein und Freisein ganz wichtig und du hast keine Ahnung, wo dieser Wunsch so plötzlich herkommt. Er wird vom anderen, von der Frau oder vom Mann, provoziert. Kaum hast du dann den andern verlassen, ist dieser Wunsch, dieses Verlangen, diese unendliche Sehnsucht allein zu sein wieder verflogen! Und das überrascht dich dann, überrascht dich echt. Jetzt, da du allein bist, fühlst du dich einfach nur einsam. Keine Spur von dieser Freude, auf die du so erpicht warst, keine Spur von Freiheit... du siehst dich auf allen Seiten nur von Einsamkeit umzingelt. Und deine ganze Existenz erkaltet, gefriert, verdüstert sich. Jetzt wird der Wunsch nach dem Zusammensein mit dem andern wieder wach. Jetzt geiferst du nach Liebe, nach Gemeinsamkeit.

Das ist das Problem zwischen Mann und Frau: Sie werden sowohl angezogen wie abgestoßen – gleichzeitig! Sie wollen zusammenkommen und sie wollen getrennt und allein sein, jeder für sich. Daher der ständige Streit zwischen Mann und Frau. Die Ehe ist eine Hassliebe, ein Fall von Anziehung und Abstoßung. Wenn die Ehe andauert, kann sie das nur, wenn es tagtäglich zu Mini-Scheidungen kommt. Nur so kann sie lange halten. Wenn die Ehepartner vereinbart haben sich nie zu streiten, dann ist es eine Plastik-Ehe. Sie werden zwar zusammenleben, sie werden ihr Zusammensein irgendwie hinkriegen, aber sie werden in Wirklichkeit überhaupt nicht zusammensein. Sie werden nie jene Augenblicke der Einheit erfahren. Sie tun nur so als ob. Sie bleiben schön höflich, sind aber nicht aufrichtig, nicht authentisch.

Die Ehe ist eine Art von Intimfeindschaft. Sie ist eine intime Feindseligkeit, sie ist ein Freundschaftsspiel, sie ist ein Krieg. Sicher, zwischen zwei Kriegen gibt es immer auch friedliche Zeiten, aber die sind nur aufgrund der beiden Kriege friedlich. Paare müssen immer streiten. Auf die Art erhalten sie die Flamme der Liebe am Leben.

Wann immer sie sich streiten, entfernen sie sich voneinander. Wenn sie dann weit entfernt voneinander sind, ist es psychologisch an der Zeit, sich wieder nach dem andern zu sehnen, fehlen sie einander allmählich. Dann fangen sie an, im Dunkeln nach dem andern zu suchen und zu tappen. Dann finden sie sich, rücken zusammen – und zwar ganz eng, weil sie einen Geschmack von der Einsamkeit bekommen haben. Jetzt wollen sie einander so nah sein wie möglich. Und wenn sie dann ihre Nähe ausgekostet haben, wollen sie wieder getrennt sein.

Macht euch deswegen also keine Sorgen. Es ist ein grundsätzliches Phänomen. Da kommt man nicht drum herum. Der einzige Ausweg wäre eine Scheinehe; die ist aber keine echte Ehe. „Seid nett zu einander!", das ist eine Art Vertrag, der besagt: „Ich brauche dich und du brauchst mich. Und wenn du mir nicht in die Suppe spuckst, spuck ich dir auch nicht in die Suppe." Das ist alles. Denn „Ich brauche dich und du brauchst mich. Wenn du mir Sicherheit garantierst, garantier ich dir Sicherheit." Das ist ein juristischer Vertrag, aber keine Ehe.

Negatives erkennen

Liebe ist am Anfang immer schön, weil jeder seine zerstörerischen Energien draußen vor lässt. Am Anfang zeigt man nur seine positiven Seiten, werfen beide Partner ihre positiven Energien in einen Topf, die Sache läuft einfach fantastisch!

Aber dann kommen nach und nach die negativen Energien hoch; man kann sie nicht mehr zurückhalten. Und wenn man erst einmal seine positiven Energie erschöpft hat – und davon ist nicht eben viel da, während an negativer kein Mangel herrscht. An positiver Energie ist nur ein Quäntchen vorhanden, also ist nach ein paar Tagen Schluss mit den Flitterwochen und dann kommt das Negative. Dann öffnen sich die Tore der Hölle und man weiß nicht mehr ein noch aus – eine so tolle Beziehung, wie kann die nur kaputtgehen?

Wenn man gleich von Anfang an aufpasst, kann sie gerettet werden. Steckt also all eure positiven Energien rein, aber vergesst nicht, dass sich früher oder später die negativen melden werden. Wenn sich die Negativen melden, dann muss jeder für sich die Negativen entsorgen. Geh in einen anderen Raum, lass die negativen Energien raus. Es ist nicht nötig, sie am anderen auszulassen.

Wenn ihr schreien und brüllen und wütend werden wollt, geht in ein Zimmer, brüllt, werdet wütend, schlagt auf ein Kopfkissen ein. Denn niemand sollte so gewalttätig sein und seine Sachen auf andere abladen. Sie haben dir nichts zuleide getan, warum also solltest du sie als Mülleimer missbrauchen? Es ist besser, alles Negative von vornherein in den Mülleimer zu werfen.

Wenn ihr wachsam seid, werdet ihr überrascht feststellen, dass es möglich ist; und ist das Negative erstmal entsorgt, fängt das Positive wieder zu sprudeln an. Man kann das Negative auch gemeinsam entsorgen, aber erst später in einer Beziehung; dann nämlich, wenn sich die Beziehung sehr gefestigt hat – und selbst dann sollte dies nur als therapeutische Maßnahme geschehen. Wenn die beiden Partner in der Beziehung sehr, sehr wach geworden sind, sehr positiv, sehr zu einem einzigen Wesen verschmolzen sind und jetzt in der Lage sind, die Negativität des anderen zu akzeptieren... und nicht nur zu akzeptieren, sondern sie regelrecht zu nutzen, dann können sie miteinander vereinbaren, von nun an auch gemeinsam negativ zu werden, als therapeutische Maßnahme.

Negatives ausdrücken

Nehmt euch vor, dass ihr jeden Abend eine Stunde lang miteinander negativ sein werdet. Macht ein Spiel daraus; das ist besser, als irgendwo, irgendwann sonst negativ zu werden. Weil der Mensch nicht so wach ist, er ist nicht vierundzwanzig Stunden lang aufmerksam. Aber eine Stunde lang kann man sich hinsetzen und negativ sein. Und dann wird es ein Spiel sein, wird es wie eine Gruppe sein. Nach einer Stunde seid ihr fertig damit und dann habt ihr auch keinen „Kater", der euch in eurer Beziehung ständig dazwischenfunkt.

Die erste Stufe: Das Negative sollte allein rausgelassen werden. Die zweite Stufe: Das Negative sollte zu einem festgesetzten Zeitpunkt rausgelassen werden, mit der Abmachung, dass ihr alle beide das Negative rauslassen werdet. Und erst auf der dritten Stufe sollte man natürlich werden und dann braucht man keine Angst mehr zu haben. Dann könnt ihr sowohl negativ wie positiv sein und beides ist wunderbar – aber erst auf der dritten Stufe. Wenn ihr auf der ersten Stufe langsam merkt, dass jetzt keine Wut mehr hochkommt… du sitzt vor dem Kissen, aber es kommt keine Wut. Monatelang wird Wut kommen, aber eines Tages wirst du feststellen, dass sie nicht mehr strömt. Sie ist gegenstandslos geworden, du kannst für dich allein nicht mehr wütend werden.

Damit ist die erste Stufe vorbei. Aber warte ab, ob auch der andere das Gefühl bekommt, dass die erste Stufe vorbei ist. Wenn dem so ist, kann die zweite Stufe anfangen. Dann werdet ihr eine oder zwei Stunden lang – ob morgens oder abends, ist euch überlassen – vorsätzlich negativ. Das nennt man ‚Psychodrama' und ist sehr unpersönlich.

Du schlägst nicht richtig zu... du schlägst zwar, aber im Grunde gilt der Schlag nicht dem anderen. Tatsächlich wirfst du nur deine Negativität auf den Müll. Du klagst nicht den anderen an, du sagst nicht: „Du bist gemein!" Du sagst lediglich: „Ich hab das Gefühl, dass du gemein bist!" Du sagst nicht: „Du hast mich beleidigt", sondern „Ich fühle mich beleidigt." Das ist etwas völlig anderes, das ist ein abgesprochenes Spiel: „Ich fühle mich beleidigt, also will ich jetzt meine Wut rauswerfen. Du stehst mir am nächsten, sei so gut und sei mein Sündenbock" – und umgekehrt genauso.

Und irgendwann kommt wieder der Augenblick, wo ihr merken werdet, dass diese vorsätzliche Negativität nicht mehr greift. Eine Stunde lang sitzt ihr nur da: Nichts regt sich in dir, nichts regt sich im andern. Damit ist die zweite Stufe vorbei. Jetzt kommt die dritte Stufe – und die dritte Stufe ist das Leben insgesamt. Jetzt seid ihr soweit, sowohl negativ wie positiv sein zu können. Jetzt dürft ihr spontan sein. Auf die Art und Weise wird Liebe zur Ehe.

Sklaverei

Der Mann hat die Frau zur Sklavin gemacht und die Frau hat den Mann zum Sklaven gemacht. Und natürlich hassen alle beide ihr Sklaventum, wehren sie sich dagegen. Ständig kämpfen sie; beim leisesten Vorwand geht der Streit los.

Aber der wirkliche Streit findet irgendwo tief drinnen statt; der wirkliche Streit geht darum, dass beide Freiheit verlangen. Sie können es nicht so klar sagen, sie mögen es völlig vergessen haben. Seit Jahrtausenden leben die Menschen schon so. Sie haben ihren Vater und ihre Mutter auf die Art und Weise leben gesehen, sie haben ihre Großeltern genauso leben gesehen… „So also leben die Leute!" – und daran haben sie sich gewöhnt. Ihre Freiheit wird zerstört.

Das ist, als wollten wir mit nur einem Flügel zum Himmel auffliegen. Ein paar Leute besitzen den Flügel der Liebe und ein paar Leute besitzen den Flügel der Freiheit – aber beide sind nicht fähig zu fliegen. Dazu braucht man beide Flügel.

Liebe ist ein natürliches Bedürfnis. Sie ist wie Nahrung. Wenn du Hunger hast, wirst du dich natürlich zutiefst unwohl fühlen. Ohne Liebe ist deine Seele hungrig; Liebe ist Seelennahrung. So wie der Körper Essen, Trinken und Luft braucht, so braucht die Seele Liebe. Aber die Seele braucht auch Freiheit. Und es gehört zu den größten Merkwürdigkeiten, dass wir diese Tatsache bis heute noch nicht akzeptiert haben.

Wenn du liebst, heißt das nicht, dass du deine Freiheit zerstören musst. Beides kann nebeneinander bestehen; zwischen ihnen ist kein Widerspruch. Wir haben es unserer eigenen Dummheit zuzuschreiben, dass es zu diesem Widerspruch kam.

Machtspielchen

Im Namen der Liebe wollen Leute herrschen, besitzen, Macht haben. Die Liebe ist nur ein Köder, um zu Macht zu gelangen. Sie ist eine Strategie… die so genannte ‚Liebe' ist nur eine ganz gerissene Strategie, um den anderen zu beherrschen, und zwar so, dass der andere sich niemals direkt beherrscht fühlt, dass das indirekt läuft. Aber da der andere genau dasselbe mit dir macht, herrscht zwangsläufig Kampf. Beide sind sie auf Machttrip und beide stoßen zusammen.

Zu neunundneunzig von hundert Prozent sind Paare ununterbrochen am Kämpfen. Und der Grund ist einfach: Jeder möchte Macht über den andern. Der Zusammenstoß ist unvermeidlich und in diesem Zusammenstoß zerschellt jegliche Möglichkeit zur Liebe. Die ganze Situation wird widerlich, ekelhaft, macht krank.

Aber wenn einem das erst einmal klar geworden ist, kann nichts mehr so bleiben wie zuvor. Schaut einfach genau hin und ihr seht, dass Macht gegen Liebe ist, Macht und Liebe unvereinbar sind. Wenn du liebevoll bist, kannst du keine Macht suchen. Darum sind alle Politiker lieblose Leute. Wenn sie liebevoll sind, können sie keine Politiker sein. Und Liebende können keine Politiker sein, denn was schert das einen dann noch? Wenn man liebt, schenkt einem das so viel Erfüllung – wen schert da noch Macht? Die Liebe macht dermaßen high, dass keine Macht da mithalten kann. Und Liebe erfüllt dermaßen, dass alle Machttrips daneben armselig, kümmerlich, ungesund, pathologisch erscheinen ...

Liebe möchte teilen, Liebe möchte geben und sorgt sich nicht, was als Gegenleistung zurückkommt. Ob etwas zurückkommt oder nicht, darüber macht Liebe sich keine Gedanken. Ihre Freude liegt im Geben – und Geben erfüllt dermaßen...

Dann verschwindet allmählich die alte Strategie, der alte Machttrip aus deinen Gedanken. Es ist nur ein Programm, das de-programmiert werden muss.

Sobald du dich dabei ertappst irgendein altes Machtspiel zu spielen, hör sofort auf. Lass nicht einen einzigen Augenblick verstreichen, sag nicht: „Morgen".

Sex und Ausbeutung

Im Sex geht es dir um dich selber, geht es dir kein bisschen um den anderen. Du benutzt den anderen nur. Darum liegen sich Sexpartner ständig in den Haaren – weil sie innerlich das Gefühl haben: „Der andere benutzt mich." Sexpartner können zu keiner Harmonie finden. Sie werden sich wieder und wieder streiten müssen; denn die Frau denkt, dass der Mann sie nur ausnutzt – und Recht hat sie! Wie könnte es anders sein? Und der Mann denkt, dass die Frau ihn nur ausnutzt.

Und wann immer dich jemand benutzt, verletzt dich das, kommt es dir wie eine Ausbeutung vor. Der Mann ist mit seinem eigenen Sex beschäftigt, die Frau ist mit ihrem eigenen Sex beschäftigt – keiner geht auf den anderen zu. Keinen Fingerbreit. Sie sind zwei selbstsüchtige Leute, drehen sich nur um sich selbst, beuten einander aus. Wenn sie von Liebe reden und singen und poetisch sein müssen, ist das nichts weiter als Ködern, Überreden, Verführen – aber um den anderen geht es ihnen dabei nicht.

Sobald der Mann die Frau gebraucht hat, rollt er zur Seite und schläft ein. Schluss, aus... Sie ist eine Sache: Man benutzt sie und wirft sie weg.

Wann immer du einen andern als Mittel zum Zweck benutzt, ist das unmoralisch. Der andere existiert um seiner selbst willen; aber das kann er erst auf der zweiten Stufe deines Seins – wenn du liebst.

Dann liebst du ihn um seiner selbst willen. Dann benutzt du ihn nicht. Dann steht er im Mittelpunkt, ist er wichtig, existiert er um seiner selbst willen und du bist dankbar. In der Liebe ist keine Ausbeutung möglich – du hilfst dem anderen. Es ist kein Kuhhandel. Du hilfst gerne, es macht dir Freude mit ihm zu teilen und du bist dankbar dafür, dass dir der andere eine Gelegenheit dazu gibt mit ihm zu teilen.

Eifersucht

Eifersucht heißt Vergleichen. Man hat uns beigebracht zu vergleichen, wir sind darauf getrimmt worden zu vergleichen, ständig zu vergleichen. Irgendwer hat ein besseres Haus, irgendwer hat einen schöneren Körper, irgendwer hat mehr Geld, irgendwer hat eine charismatischere Persönlichkeit...

Hauptsache du vergleichst, vergleichst dich ständig mit jedem, der dir zufällig in die Quere kommt. Und das Ergebnis wird eine ungeheure Eifersucht sein; sie ist das Abfallprodukt des Konditionierungsmusters: „Vergleiche dich".

Ansonsten verschwindet alle Eifersucht, sobald du mit dem Vergleichen aufhörst. Dann bist du dir einfach bewusst: Du bist du und bist niemand anders und brauchst es auch nicht zu sein. Nur gut, dass du dich nicht mit Bäumen vergleichst, sonst würdest du platzen vor Eifersucht: Warum bist du nicht grün? Warum war Gott so streng gegen dich... so ganz ohne Blüten?! Es ist besser, dass du dich nicht mit den Vögeln vergleichst, mit den Flüssen, mit den Bergen; sonst würde deine Eifersucht mehr und mehr zunehmen: Sie würde dich dermaßen runterziehen, dass du überhaupt nicht mehr fähig wärst zu leben.

Das Vergleichen ist eine dumme Angewohnheit; denn jeder Mensch ist einmalig und unvergleichlich. Sobald diese Einsicht in dir Fuß fasst, verschwindet alle Eifersucht. Ein jeder ist einmalig und unvergleichlich. Du bist einfach nur du selbst. Niemand ist jemals so gewesen wie du und niemand wird je so sein wie du. Und du brauchst auch nicht wie irgendein anderer zu sein. Gott erschafft nur Originale, er glaubt nicht an Kopien.

Wenn jeder unglücklich ist, tut einem das gut; wenn alle Verlierer sind, tut einem das gut. Wenn alle glücklich sind und Erfolg haben, schmeckt das bitter.

Aber wieso kommt der Gedanke an den anderen überhaupt auf? Lasst es mich noch einmal klarstellen: Weil du deiner eigenen Energie nicht erlaubt hast zu fließen, hast du deiner eigenen Seligkeit nicht erlaubt zu gedeihen, deinem eigenen Wesen nicht erlaubt zu blühen. Also fühlst du dich innen leer und lugst du auf alle und jeden da draußen. Denn man kann immer nur das Äußere sehen.

Du weißt, wie es in dir aussieht, und du weißt, wie die andern von außen aussehen. So entstehen Neid und Eifersucht. Die anderen kennen dein Äußeres und sie kennen ihr Inneres. So entstehen Neid und Eifersucht.

Kein anderer kennt dein Inneres. Du weißt, dass du ein Nichts bist – wertlos. Und die anderen sehen von außen so strahlend aus! Ihr Lächeln mag zwar aufgesetzt sein, aber woher willst du wissen, ob es aufgesetzt ist? Vielleicht lächeln sie ja auch in ihrem Herzen? Du weißt, dass dein Lächeln aufgesetzt ist, denn dein Herz lächelt nicht die Spur, vielleicht weint und schluchzt es ja nur.

Du kennst deine Innenwelt, und nur du kennst sie, sonst keiner. Und du kennst alle anderen nur von außen, und ihr Äußeres haben die Leute geschönt. Ihr Äußeres ist ihre Schaufensterauslage, und die soll ja gerade etwas vortäuschen.

Aufgrund von Eifersucht leidest du immerzu; dann wirst zu gemein zu anderen. Und aufgrund von Eifersucht wirst du nach und nach unecht, denn jetzt täuschst du etwas vor. Du gibst Dinge vor, die gar nicht da sind, du fängst an Dinge vorzuspielen, die du gar nicht haben kannst, die einfach nicht deiner Natur entsprechen. Aber was bleibt dir auch anderes übrig, wenn du immer nur andere nachäffst, dich an anderen misst? Wenn jemand etwas hat, was du nicht hast – und was du deiner Natur nach auch gar nicht haben kannst –, bleibt dir kein anderer Weg, als es mit billigem Kram zu ersetzen.

Kramt nur einmal etwas in eurem Gepäck rum, und ihr werdet lauter künstliches Zeug finden, aufgesetztes, unechtes Zeug – wozu überhaupt? Warum können wir nicht natürlich und spontan sein? Aus Eifersucht. Der eifersüchtige Mensch lebt in der Hölle. Höre auf dich zu vergleichen, und die Eifersucht verschwindet, das Unechte fällt ab. Aber loswerden kannst du sie nur, wenn du deine inneren Schätze zu entwickeln beginnst; anders geht das nicht.

Werde erwachsen, werde mehr und mehr zu einem authentischen Einzelnen. Liebe dich selbst und achte dich selbst, so wie Gott dich geschaffen hat, und dann öffnen sich dir augenblicklich die Tore des Himmels. Sie stehen immerzu offen, du hattest nur niemals hingeschaut.

Spiegelbild sein

Beziehungen sind Spiegel, und je reiner die Liebe ist, je höher die Liebe steigt, desto besser der Spiegel, desto klarer der Spiegel. Aber die höhere Liebe erfordert auch, dass du dich öffnest. Die höhere Liebe erfordert, dass du dich verletzbar machst. Du musst deine gesamte Rüstung fallen lassen – das tut weh.

Du brauchst nicht ständig auf der Hut zu sein. Du musst den berechnenden Verstand aufgeben. Du musst was riskieren. Du musst gefährlich leben. „Der andere könnte mich verletzen…", sagt die Angst vor der Verletzbarkeit. „Der andere könnte mich abweisen…", sagt die Angst vorm Verlieben.

Das Spiegelbild, dass du im anderen von deinem eigenen Selbst finden wirst, mag abstoßend sein – daher die Angst – nur nicht in den Spiegel sehen! Aber nur dadurch, dass du nicht in den Spiegel siehst, wirst du nicht schön werden. Indem du der Situation ausweichst, wirst du auch nicht weiter wachsen. Man muss die Herausforderung annehmen.

Das ist der erste Schritt zum Göttlichen und er ist nicht zu umgehen. Alle, die den Schritt der Liebe zu umgehen versuchen, werden nie das Göttliche erlangen. Er ist absolut unerlässlich; denn du wirst deiner Ganzheit nur dann gewahr, wenn du von der Präsenz des anderen herausgefordert wirst, wenn deine Präsenz durch die Präsenz des anderen gesteigert wird, wenn du aus deiner narzisstischen, abgeschotteten

Welt herausgeholt wirst unter den freien Himmel.

Die Liebe ist wie ein offener Himmel. Verliebt zu sein heißt ein Vogel im Fluge zu sein. Aber der grenzenlose Himmel macht natürlich Angst.

Liebe ist Herzenssache, Ehe ist Verstandessache

Für mich ist die Ehe etwas Totes. Sie ist eine Institution und man kann in einer Institution nicht leben; nur Wahnsinnige leben in Institutionen. Sie ist ein Ersatz für Liebe. Liebe ist gefährlich... Verliebt sein heißt unentwegt einem Sturm ausgesetzt sein. Dazu brauchst du Mut und brauchst du Bewusstheit, denn da musst du auf alles gefasst sein. In der Liebe gibt es keine Sicherheit; Liebe ist unsicher. Ehe ist eine Sicherheit: das Standesamt, die Polizei, das Gericht stehen hinter ihr. Der Staat, die Gesellschaft, die Religion... sie alle stellen sich hinter sie. Die Ehe ist etwas Gesellschaftliches; Liebe ist individuell, ist persönlich, ist intim.

Keiner weiß, wo die Liebe hinführen wird. Sie ist genau wie eine Wolke – sie zieht dahin ohne Ziel. Liebe ist eine versteckte Wolke, ohne festen Wohnsitz. Niemand weiß, wo sie sich zu einem bestimmten Zeitpunkt aufhält. Unvorhersehbar... kein Astrologe kann etwas über die Liebe voraussagen.

Die Ehe ist beständiger als die Liebe. Die Liebe mag ewig sein, aber sie ist nicht beständig. Sie mag für immer und ewig weitergehen, aber es gibt keinerlei innere Notwendigkeit, dass sie weiterzugehen hat.

Ehe ist ein Weg Schwierigkeiten zu umgehen, aber wann immer du Schwierigkeiten und Herausforderungen meidest, meidest du auch deinen Reifungsprozess. Verheiratete werden nie reif. Liebende werden reif – weil sie sich jeden Augenblick der Herausforderung stellen müssen. Und zwar ohne Sicherheit.

Liebe ist Herzenssache, Ehe ist Verstandessache. Wenn aus Liebe Ehe wird, heißt dies, dass zwei Individuen beschließen zusammenzuleben – aber in absoluter Freiheit, ohne Besitzansprüche aufeinander. Liebe will nicht besitzen; sie gewährt Freiheit.

Der Mensch ist ein unergründliches Mysterium. Darum sagen wir, dass jeder einen Gott in sich birgt. Wie könntest du einen Gott kennen? Allenfalls kannst du seine Peripherie berühren. Und je mehr du einen anderen Menschen kennst, desto bescheidener wirst du werden, desto mehr bekommst du das Gefühl, nicht an das Mysterium gerührt zu haben, dass im Gegenteil das Mysterium immerzu tiefer und tiefer wird. Je mehr du ihn kennst, desto weniger wirst du das Gefühl haben ihn zu kennen.

Und versuche nicht einen anderen zu besitzen. Lass erst gar nicht das Gefühl zu, der andere sei ja „dein Mann". Dann hast du aus der Schönheit der anderen Person eine hässliche Sache gemacht – einen Ehemann. Sag niemals, dass diese Frau deine Ehefrau ist. Damit ist die Fremde nicht mehr da, hast du sie auf eine sehr weltliche Stufe reduziert.

Liebe ist Poesie. Ehe ist platte Prosa – tauglich für die Alltagskommunikation. Tauglich, falls du Gemüse einkaufen gehst, aber untauglich, wenn du zum Himmel aufschaust und zum Göttlichen sprichst – dazu brauchst du Poesie.

Das gewöhnliche Leben ist prosaisch. Ein religiöses Leben ist poetisch: Ein anderer Rhythmus, ein anderes Versmaß... eine Ahnung vom Unbekannten und vom Mysterium.

Bezieht euch!

Sobald man in einer Beziehung ist, wird einem der andere sehr bald selbstverständlich. Und genau das ist es, was alle Liebesgeschichten kaputtmacht. Die Frau meint den Mann zu kennen, der Mann meint die Frau zu kennen. Keiner von beiden kennt den andern. Es ist unmöglich den andern zu kennen, der andere bleibt ein Mysterium. Und den anderen als selbstverständlich zu betrachten, ist eine Beleidigung, ist eine Missachtung.

Zu meinen, du würdest deine Frau kennen, ist sehr sehr undankbar. Wie kannst du diese Frau kennen? Wie kannst du diesen Mann kennen? Sie sind Prozesse und keine Sachen. Die Frau, die du gestern gekannt hast, ist heute nicht mehr da. Inzwischen ist viel Wasser den Ganges hinuntergeflossen. Sie ist längst jemand anders, völlig verschieden. Bezieh dich erneut, fang wieder an, betrachte es nicht als selbstverständlich.

Und der Mann, mit dem du die letzte Nacht verbracht hast: Sieh ihm am Morgen noch einmal ins Gesicht. Er ist nicht mehr derselbe Mensch; es hat sich so viel geändert – hat sich eine Menge, eine unübersehbare Menge geändert. Das unterscheidet eine Sache von einem Menschen. Die Möbel im Zimmer sind noch dieselben, aber der Mann und die Frau, sie sind nicht mehr dieselben. Forscht erneut nach, fangt wieder von vorn an.

Das ist es, was ich mit „Sich-Beziehen" meine. Sich-Beziehen bedeutet, dass ihr immerzu wieder anfangt, dass ihr ununterbrochen miteinander bekannt zu werden versucht, einander wieder und wieder vorzustellen, alle Facetten der Persönlichkeit des anderen zu erkennen versucht. Dass ihr tiefer und tiefer in das Reich seiner innersten Gefühle einzudringen versucht, bis in die hintersten Winkel seines Wesens hinein. Dass ihr versucht ein Rätsel zu entwirren, das nicht zu entwirren ist.

Das ist die Freude der Liebe: Das Erforschen des Bewusstseins. Und wenn du dich beziehst und es nicht zu einer Beziehung verkommen lässt, dann wird dir der andere zum Spiegel werden. Indem du ihn erforschst, wirst du dich unbeabsichtigt selbst erforschen. Indem du immer tiefer in ihn dringst, seine Gefühle und seine Gedanken, seine geheimsten Regungen erkennst, wirst du auch deine eigenen geheimsten Regungen erkennen. So werden Liebende einander zu Spiegeln, und dann wird ihre Liebe zur Meditation. Beziehung ist abstoßend, Sich-Beziehen ist wunderschön.

In einer Beziehung werden alle beide blind füreinander. Denkt doch nur einmal nach: Wie lang ist es her, dass du deiner Ehefrau in die Augen geschaut hast? Wie lang ist es her, dass du deinem Ehemann in die Augen geschaut hast? Jahre vielleicht...

Wer achtet schon auf die eigene Frau?! Ihr seid mehr an Fremden interessiert als an den Menschen, die ihr kennt – deren ganze Körperlandschaft kennt ihr, deren Reaktionen kennt ihr, von denen wisst ihr alles, was bisher passiert ist und was noch passieren wird, wieder und immer wieder... es ist ja ein einziges Hamsterrad!

Das ist es nicht – ist es mitnichten. Nichts wiederholt sich je. Alles ist mit jedem Tag neu. Nur werden eure Augen alt, werden eure Erwartungen alt, sammelt sich Staub auf eurem Spiegel und so seid ihr nicht mehr im Stande einander zu spiegeln. Darum mein Rat: Bezieht euch! Und wenn ich sage „Bezieht euch!“, meine ich damit: Bleibt ununterbrochen in den Flitterwochen. Spielt immer weiter Versteck miteinander, sucht ständig neue Wege einander zu lieben, entdeckt neue Möglichkeiten miteinander umzugehen. Und jeder Einzelne ist ein so unendliches, unerschöpfliches, unerforschliches Mysterium, dass es völlig ausgeschlossen ist jemals zu sagen: „So, jetzt kenne ich sie!“ oder „Jetzt kenne ich ihn!“

Alles, was ihr je sagen könnt, ist: „Ich habe getan was ich konnte, aber dieses Mysterium ist und bleibt mir ein Mysterium.“ Im Gegenteil: Je mehr du den anderen kennst, desto mysteriöser wird er dir. Dann ist eure Liebe ein nicht enden wollendes Abenteuer.

Grundproblem Einsamkeit

Das Alleinsein ist der Mount Everest der Meditation, der höchste von der Sonne beschienene Gipfel. Wenn du erst einmal dein Alleinsein zu genießen vermagst, kann sich deine Freude unbegrenzt ausdehnen. Sie nimmt ständig zu, sie breitet sich immer weiter aus, bis es dir scheint, dass das ganze Universum voller Freude ist und voller Duft. Alleinsein ist das Höchste, was man im Leben erlangen kann; aber zweifellos geht ihm eine schmerzhafte Übergangsphase voraus.

Gewöhnlich lebt der Mensch in der Einsamkeit. Um der Einsamkeit zu entrinnen, legt er sich alle möglichen Beziehungen zu – Freundschaften, Organisationen, politische Parteien, Religionen und was nicht alles. Aber das Grundproblem ist lediglich seine enorme Angst davor, einsam zu sein. Einsamkeit ist ein schwarzes Loch, ein Dunkel, ein beängstigender negativer Zustand, fast schon wie Tod... so als würde man vom Tod selbst verschlungen. Um dem zu entkommen, rennt man raus und greift sich irgendeinen beliebigen Menschen, nur um die Hand von jemand zu halten, um das Gefühl zu haben, nicht so einsam zu sein.

Nichts schmerzt mehr als Einsamkeit. Aber das Problem ist, dass keine Beziehung, die aus der Angst vor der Einsamkeit stammt, je eine beglückende Erfahrung sein kann. Denn der andere schließt sich dir ja auch nur aus Angst an. Ihr beide nennt es Liebe; ihr beide betrügt euch damit selbst und den andern. Es ist lediglich Angst und Angst kann niemals der Quell der Liebe sein. Lieben können nur diejenigen Menschen, die absolut angstlos sind – nur diejenigen Menschen, die allein zu sein vermögen, und zwar freudig, deren Bedürfnis nach dem andern verflogen ist, die sich selbst genug sind.

Die Psychologie des gewöhnlichen Menschen wird von Einsamkeit bestimmt. Er tut alles, um ihr zu entgehen. Aber was immer du tust, sie bleibt immer da, genau wie dein Schatten. Du magst zwar wegschauen, aber du weißt, er ist da. Und ab und zu reitet dich manchmal der Teufel und du schaust nach: Und jedes Mal findest du, er ist da. Du kannst deinem Schatten nicht entrinnen. Und genauso wenig könnt ihr eurer Einsamkeit entrinnen, einfach nur indem ihr euch Freundschaften zulegt – Beziehungen, Ehen, Organisationen, religiöse, politische, gesellschaftliche. Sie verschaffen euch etwas Erleichterung, aber sie ändern nichts an der Tatsache.

Der Tag, an dem du dir eingestehst, dass all diese Bemühungen nichts bringen, dass deine Einsamkeit unverändert besteht, ist ein großer Augenblick der Erkenntnis. Danach bleibt dir nur noch eines zu tun: nachzuschauen, ob die Einsamkeit etwas ist, wovor du Angst haben solltest, oder ob sie schlichtweg deine Natur ist. Dann brauchst du nicht mehr aufzuspringen und nach draußen zu rennen, sondern schließt die Augen und gehst nach innen. Plötzlich ist die Nacht vorbei und es dämmert ein neuer Tag ... Die

Einsamkeit verwandelt sich in Alleinsein. Alleinsein ist deine Natur. Du wurdest allein geboren, du wirst allein sterben. Und du lebst allein, auch wenn du das vielleicht nicht verstehst, das nicht vollständig realisierst. Du missverstehst Alleinsein als Einsamkeit. Es ist nur ein Missverständnis. Die Übergangszeit ist ein wenig schmerzhaft und schwierig, aufgrund alter Gewohnheiten, aber sie wird nicht lange dauern. Und es gibt ein Mittel sie abzukürzen, sie erträglich zu machen: indem du dein Alleinsein mehr und mehr genießt.

Und nimm dir vor, dass du, wenn du dein Alleinsein genießt, dabei nicht geizig bist. Dann singe und tanze, dann male! Tu, wonach dir schon immer das Herz gestanden hat, wozu du aber nie kamst, weil du vor lauter Beziehungsstress keine Zeit dafür erübrigen konntest.

Sei kreativ; und je kreativer du bist, desto jubelnder, desto tanzender, desto singender wird dein Alleinsein. Und solltest du zufällig doch noch ein paar Wolken der Traurigkeit aufziehen sehen, dann beobachte einfach. Identifiziere dich nicht mit ihnen. Merk dir nur eines: Alles geht vorbei, also werden auch diese Wolken vorüberziehen. Sie sind schon oft genug dagewesen und sind weitergezogen, also steht es außer Frage, dass sie auch diesmal weiterziehen werden. Warum solltest du dich unnötig beunruhigen? Lass sie einfach an dir vorbeiziehen. Du beobachtest einfach und identifizierst dich mit nichts.

Klammern und Festhalten

Sobald dir aufgeht, wie schön das Alleinsein in seiner ganzen Reinheit und Ekstase ist, wirst du nicht mal im Traum daran denken, dich an irgendetwas festzuklammern. Und man kann durchaus eine Beziehung haben, ohne sich aneinander zu klammern. Dann hat sogar eine Beziehung etwas Schönes: Ihr seid nicht voneinander abhängig, der andere ist kein Teddybär, so wenig wie du dich dazu herablassen darfst, ein Teddybär für ihn zu sein.

Ihr steht da wie zwei Säulen ein und desselben Tempels – getrennt, aber dasselbe Dach stützend. Eure Liebe ist genau wie dies Dach: Alle beide unterstützt ihr sie, aber jede steht für sich in seiner Schönheit, in seiner Stille, in seiner Meditation.

Im selben Augenblick, da du dich entspannst und kein Verlangen mehr hast, dass „etwas passieren" möge, wirst du dich wundern: Millionen von Dingen passieren!

Geh für ein paar Tage allen Menschen aus dem Weg... ich sage: Nur für ein paar Tage! Nur um dir eine Pause zu gönnen, um dich mit deiner nichtmenschlichen Existenz um dich her etwas vertrauter zu machen.

Mach dich mit dieser Existenz bekannt und nach dieser Bekanntschaft und der Seligkeit, die sich aus ihr ergeben wird, kannst du mit einem anderen Menschen teilen – und zwar ohne dich anzuklammern, ohne jede Anhaftung, einfach indem du mit einem Menschen so zusammen bist, als wäre er ein Fremder. Du weißt nicht, wer er ist, so wenig wie er weiß, wer du bist – und das braucht ihr auch gar nicht zu wissen. Gestatte dir selbst ein Rätsel zu sein und gestatte dem anderen ein Rätsel zu sein. Es ist gut, wenn ihr ein paar Augenblicke der Freude erleben und gemeinsam feiern könnt. Aber hüte dich, sobald du merkst, dass das Klammern beginnt… jetzt beginnst du wieder ins Unglück abzugleiten.

Es kommt nicht darauf an, wer der andere ist: Das Klammern ist die eigentliche Wurzel allen Unglücks. Wenn du dich beziehen kannst, ohne jede „Beziehung einzugehen", einfach als eine zwanglose Freundschaft, wirst du Dankbarkeit empfinden. Es brauchte schließlich ja nichts zu geschehen, aber trotzdem hat die Existenz dir beschert, mit einem Fremden zusammenzusein, ein paar Stunden oder ein paar Tage lang. Erwarte nur nicht zu viel. Darum sage ich: „Ein paar Stunden oder ein paar Tage lang" – nicht einmal ein paar Wochen. Denn je mehr du erwartest, desto größer die Möglichkeit zu klammern und festzuhalten.

Freiheit ist unser wertvollster Schatz. Setz ihn um keinen Preis aufs Spiel. Und alles, was diesem Spross entwächst – Liebe, Freundlichkeit – wird von großer Schönheit sein und wird niemals zu Unglück führen. Wieso denn? Sobald du merkst, dass sich Unglück anbahnt, sagst du Adieu und ihr werdet wieder zu Fremden wie zuvor.

Einsame Herzen können nicht lieben

Ein einsamer Mensch kann keine Beziehung eingehen – weil er dafür einfach zu bedürftig ist. Er klammert, er lehnt sich an den anderen an. Er will den anderen besitzen, denn seine Angst ist: „Wenn der andere mich verlässt, was dann? Dann sitze ich wieder alleine da!“ Das ist der Grund, warum es so viel Besitzwut auf der Welt gibt. Das kommt nicht von ungefähr. Der Grund ist einfach.

Alle haben Angst: Wenn der andere geht, dann bleibt man allein zurück, hoffnungslos einsam. Und das mag man nicht, und schon der Gedanke daran bereitet Übelkeit. Ergreife Besitz vom anderen! Ergreife so restlos Besitz von ihm, dass der andere dir auf keinen Fall mehr entkommen kann. Und umgekehrt macht es der andere genauso: Der andere will Besitz von dir ergreifen. Kein Wunder, wenn die Liebe zu endlosem Elend wird, Liebe zu Politik wird, Liebe zu Herrschsucht wird, zu Ausbeutung wird.

Der Grund ist, dass einsame Herzen nicht lieben können. Einsame haben nichts zu geben, Einsame beuten sich nur gegenseitig aus. Natürlich, wenn du selber nichts zu geben hast und dein Partner dich auszubeuten beginnt, fühlst du dich verletzt.

Du möchtest den anderen ja selber ausbeuten und nicht ausgebeutet werden! Auf die Art wird die Sache politisch. Du möchtest so wenig wie möglich rausrücken und so viel wie möglich kriegen.

Und der andere macht es mit dir genauso, und so machen beide einander unglücklich.

Hassliebe

Jüngste Forschungen zeigen, dass man den Menschen, den man liebt, immer auch hasst. Hass und Liebe sind die zwei Pole ein und derselben Energie. Sie sind komplementär, sie ergänzen sich und sind keine Gegensätze. Von daher der übliche Streit zwischen Liebenden – ein ewiger Streit. Immerzu müssen sie kämpfen, so als wäre dies notwendiger Bestandteil aller Liebesgeschichten … was es tatsächlich ist! Eine Liebesgeschichte ist nicht möglich ohne Streit.

Eine Liebesgeschichte wird erst durch den Streit möglich. Du streitest mit dem Menschen, den du liebst, du hasst den geliebten Menschen aus ganzem Herzen und aufgrund dieses Hasses und Streits und dieser Zwietracht stellt ihr ständig eine gewisse Distanz zwischen euch her.

Und dann kommt irgendwann der Moment, wo die Distanz so groß ist, dass der Wunsch erwacht, den anderen zu sehen. Der erwacht nur aus einer gewissen Distanz heraus. Wenn deine Frau oder dein Mann ein paar Tage lang abwesend war und nun wieder heimkehrt, dann ist die Liebe groß. Diese paar Tage haben einen gewissen Appetit geweckt. Natürlich hast du, wenn du den ganzen Tag über isst, nicht viel Appetit. Zum Appetit gehört eine Fastenpause zwischen zwei Mahlzeiten.

Der Streit unter Liebenden ist wie Fasten; man

zieht sich voneinander zurück, und siehe da, der Appetit kommt zurück. Denn Liebe ist eine Art Nahrung. Merkt euch: Liebe ist Nahrung. Sie ist ebenso gut Nahrung wie jedes andere Nahrungsmittel, aber eine sehr ungreifbare Nahrung – eine Nahrung für die Seele. Wenn zwei Liebende sich also streiten, legen sie wieder mal eine Fastenpause ein. Bald regt sich wieder der Appetit und bald gehen sie wieder aufeinander zu. Nach jedem Streit kann ihr Sex viel besser werden als zu anderen Zeiten: Er hat Intensität, er hat Leidenschaft. Aber nach einer Mahlzeit kann man kein Essen mehr sehen.

Wenn du gut gegessen hast, wird dir schon beim Gedanken an noch mehr Essen leicht übel. Wenn man jemandem, der genug gegessen hat, alle möglichen leckeren Speisen auftischt, wird er die Wände hochgehen. Er wird diese Speisen hassen, er wird dich hassen. Er wird Reißaus nehmen wollen. Eine gewisse Abneigung meldet sich; die ist natürlich – wie sonst könnte man je mit dem Essen aufhören?

Wenn sich zwei Liebende also gerade geliebt haben, meldet sich eine gewisse Abneigung. Das sind natürliche Erscheinungen. Sobald wir sie verstehen, machen sie keine Probleme. Nach jedem Beischlaf dreht sich der Mann zur Seite und schläft ein und nach jedem Beischlaf weint die Frau heiße Tränen, weil sie sich missbraucht fühlt: Hat derselbe Mann, der da jetzt schläft, der ihr den Rücken zukehrt und vor sich hin schnarcht, hat dieser Mistkerl nicht vor wenigen Augenblicken erst mit poetischen Worten ihr die Sterne vom Himmel geholt? Und jetzt ist ihm alles egal! Sie fühlt sich betrogen – aber zu Unrecht. Da liegt ein Missverständnis vor.

Es ist eine natürliche Erscheinung: Kaum ist die Liebe gestillt, meldet sich Abneigung. Freilich, wenn er vierundzwanzig Stunden gefastet hat, will er wieder die Sterne vom Himmel holen. Aber so dreht sich das Rad nun mal.

Angst vor Intimität

Jeder hat Angst vor Intimität. Die Frage ist nur: Bist du dir dessen auch bewusst? Intimität heißt, dass du dich vor einem wildfremden Menschen entblößt. Wir alle sind Fremde – niemand kennt irgendwen. Wir sind sogar Fremde für uns selbst, weil wir nicht wissen, wer wir sind.

Intimität bringt dich einem Fremden nahe. Da musst du all deine Panzerungen fallen lassen – andernfalls kann es zu keiner Intimität kommen. Und die Angst flüstert dir ein: „Wenn du jetzt deine ganze Rüstung ablegst, all deine Masken, wer weiß dann, was dieser wildfremde Mensch mit dir machen wird?"

Wir alle halten zahllose Dinge versteckt – nicht nur vor den anderen, sondern sogar vor uns selbst. Denn wir sind in einer krankhaften Menschheit groß geworden, mit allen möglichen Verdrängungen, Hemmungen, Tabus. Und die Angst will, dass man bei jemandem, der ein Fremder ist… und da ist es egal, ob man mit der betreffenden Person schon seit dreißig, seit vierzig Jahren zusammenlebt, denn die Fremdheit verschwindet nie! Also geht man besser auf Nummer Sicher, geht man ein wenig auf Abstand, denn der andere könnte ja deine Schwächen, deine Schwachpunkte, deine Verletzbarkeit ausnutzen.

Jeder hat Angst vor Intimität.

Das Problem wird aber erst dadurch vertrackt, dass jeder Intimität wünscht. Jeder wünscht Intimität, weil man sonst allein ist in diesem Universum – ohne Freund, ohne Geliebten oder Geliebte, ohne irgendwen, dem man vertrauen kann, ohne eine Menschenseele, der man all seine Wunden bloßlegen kann. Und die Wunden lassen sich nicht eher heilen, als bis sie bloßliegen. Je mehr man sie verbirgt, desto gefährlicher werden sie. Sie können zum Krebsgeschwür werden.

Intimität ist also einerseits ein wesentliches Bedürfnis, und so möchte sie jeder. Aber er möchte, dass der andere mit der Intimität beginnt, dass also der andere seine Rüstung ablegt, sich verletzbar macht, all seine Wunden bloßlegt, all seine Masken und Pseudopersönlichkeit ablegt, sich nackt hinstellt, so wie er ist. Und andererseits hat jeder Angst vor Intimität – du legst deine Rüstung nicht ab vor deinem Gegenüber, mit dem du intim sein möchtest.

Das ist einer der Streitpunkte zwischen Freunden, zwischen Liebenden: Keiner will als erster seine Rüstung ablegen und keiner will völlig nackt und aufrichtig und offen dastehen. Aber beide brauchen sie Intimität!

Bevor ihr nicht all eure Verdrängungen, Hemmungen aufgebt – die euch eure Religionen, eure Kulturen, eure Gesellschaften, eure Eltern, eure Erziehung mitgegeben haben –, werdet ihr niemals mit irgendwem intim werden können. Und: Du selbst wirst die Initiative ergreifen müssen. Aber wenn ihr keine Verdrängungen, keine Hemmungen habt, dann habt ihr auch keine Wunden. Wenn ihr ein einfaches, natürliches Leben geführt habt, werdet ihr keine Angst vor Intimität empfinden, sondern eine gewaltige Freude – wie zwei Flammen, die sich so nahe gekommen sind, dass sie praktisch zu einer Flamme werden. Und diese Begegnung ist eine solche Genugtuung, Befriedigung, Erfüllung! Aber ehe du zur Intimität ansetzen kannst, musst du dein Haus gründlich reinemachen.

Nur ein meditativer Mensch kann Intimität überhaupt zulassen. Er hat nichts zu verbergen. Alles, was er vor einem anderen hätte verbergen müssen, das hat er von sich aus bereinigt. Jetzt hat er nur noch ein stilles und liebendes Herz.

Das Umarmen – Quelle allen Heilens

Warum ist das Umarmen ein so unglaublich wirksames Therapiemittel?

Das ist es tatsächlich, dabei ist es nur eine Geste. Wenn es echt ist, nicht nur eine leere Geste, und es wirklich von Herzen kommt, kann es ein regelrechtes Zaubermittel sein, kann es Wunder wirken, kann es die ganze Situation mit einem Schlage transformieren.

Ein paar Dinge gilt es da zu verstehen. Erstens: Die Vorstellung, dass das Kind stirbt und dann ein Jugendlicher wird, und dass dann der Jugendliche stirbt und ein junger Erwachsener wird, und dann der junge Erwachsene stirbt und ins rüstige Alter kommt und so weiter und so fort, stimmt nicht. Das Kind stirbt niemals. Nichts stirbt jemals. Das Kind ist da, ist immer da, eingewickelt in andere Erfahrungen, eingewickelt in die Jugendzeit, dann in die frühe Erwachsenenzeit, dann in die mittleren Jahre, dann ins Alter. Aber das Kind bleibt immerzu da.

Du bist genau wie eine Zwiebel, Schichten über Schichten, aber wenn du die Zwiebel schälst, stößt du bald auf immer mehr, immer frischere Schichten. Dasselbe trifft auf den Menschen zu: Wenn du in seine Tiefe eintauchst, wirst du immer auf das unschuldige Kind stoßen – und mit diesem unschuldigen Kind in Berührung zu kommen wirkt therapeutisch. Das Umarmen bringt dich unmittelbar in Berührung mit dem Kind. Wenn du jemanden mit Wärme und Liebe umarmst, wenn es nicht nur eine bloße Geste ist, wenn es etwas Tieferes, Bedeutsames, Wahres zum Ausdruck bringt, wenn dein Herz darin spürbar wird, dann kommst du augenblicklich mit dem Kind, mit dem unschuldigen Kind in Berührung. Und wenn das unschuldige Kind auch nur für Sekundenbruchteile an die Oberfläche tritt, macht das einen Riesenunterschied. Denn die Unschuld des Kindes ist immer gesund und heil; sie ist unverdorben.

Du bist zum innersten Kern des Betreffenden vorgedrungen, wo nie etwas Verderbliches hingekommen ist, du bist zum jungfräulichen Kern vorgedrungen... Und den jungfräulichen Kern dahin zu bringen, wieder von Leben zu pulsieren, genügt. Damit hast du einen Heilungsprozess angefangen, ausgelöst.

Wenn du jemanden liebst, darf es nicht bei bloßen verbalen Bekundungen bleiben, nicht nur bei Worten bleiben. Da müssen handfestere Dinge geschehen. Worte sind nur abstrakt. Du musst etwas tun! Nimm die betreffende Person bei der Hand, drücke sie fest, küsse sie, umarme sie. Das wird euch beiden gut tun. Wenn du ganz in dieser Umarmung aufgehst, werdet ihr alle beide jünger, frischer, lebendiger werden. Und Heilen ist nichts anderes als dieser Prozess.

Analysieren ist der Weg des Verstandes; Umarmen ist der Weg des Herzens.

Der Verstand ist die Ursache aller Krankheiten und das Herz ist die Quelle allen Heilens.

Süchtig nach wechselnden Partnern

Indem du der äußeren Frau begegnest, indem du ihr wahrhaft begegnest, sie liebst, dich ihrem Wesen verpflichtet fühlst, dich in ihr auflöst, mit ihr verschmilzt, wird dir nach und nach die Frau begegnen, die in dir ist – wirst du dem Mann begegnen, der in dir ist.

Die äußere Frau ist nur ein Weg zur inneren Frau, so wie auch der äußere Mann nur ein Weg zum inneren Mann ist. Der wahre Orgasmus passiert in dir drinnen, wenn dein innerer Mann auf deine innere Frau trifft. Das ist die Bedeutung des hinduistischen Symbols des *ardhanarishvar.* Ihr habt sicher schon einmal Shiva als halb Mann, halb Frau dargestellt gesehen. Jeder Mann ist zur Hälfte Mann, zur Hälfte Frau; jede Frau ist zur Hälfte Frau, zur Hälfte Mann.

Es ist gar nicht anders möglich, denn die Hälfte deines Wesens stammt von deinem Vater und die andere Hälfte stammt von deiner Mutter. Du bist beides. Ein innerer Orgasmus, eine innere Begegnung, eine innere Vereinigung tut not; aber um zu jener inneren Vereinigung zu gelangen, wirst du außen eine Frau finden müssen, die deiner inneren Frau entspricht, die dein inneres Wesen in Schwingung versetzt, und welche die innere Frau in dir, die in tiefem Schlaf liegt, aufweckt. Durch die äußere Frau musst du deiner inneren Frau begegnen. Und dasselbe gilt für die Frau.

Wenn die Beziehung sich also über einen längeren Zeitraum erstreckt, ist das besser, weil jene innere

Frau Zeit braucht, um erweckt zu werden. So, wie sich das im Westen abspielt – one night stands – bekommt die innere Frau, der innere Mann nicht die nötige Zeit, um sich zu zeigen und zu erwachen.

Kaum hat sich da was bewegt, ist die Frau schon wieder weg... jetzt kommt eine andere Frau, mit einer anderen Schwingung, einem andern Flair. Und natürlich musst du, wenn du ständig von einer Frau zur andern, von einem Mann zum andern wechselst, neurotisch werden.

Denn damit lässt du so viele Dinge, so viele Töne in dein Inneres rein – und damit so viele verschiedene Wellenlängen! –, dass du gar nicht mehr weißt, wo du da noch deine innere Frau finden sollst. Wie denn auch?! Und aller Wahrscheinlichkeit nach wirst du süchtig nach ständig wechselnden Beziehungen – dann fängst du an, den ständigen Wechsel zu genießen. Dann hast du dich verirrt.

Die äußere Frau ist nur der Pfad zur inneren Frau und der äußere Mann ist nur der Pfad zum inneren Mann. Und das ultimative Yoga, die ultimative *unio mystica* findet nur in eurem Innern statt.

Und wenn es dazu kommt, seid ihr frei von allen Frauen und allen Männern. Dann seid ihr frei vom Mannsein und Frausein. Dann plötzlich seid ihr jenseits von alldem, dann seid ihr weder-noch.

Intimität wagen

Wir unterdrücken die Lust, weil wir Angst haben, dass jedes Mal, wenn wir die Lust vollends Besitz von uns ergreifen lassen, das Leid dann ebenfalls mitkommt. Es ist ihre Kehrseite – die andere Seite derselben Medaille. Und es wird mitkommen. Also lassen sich die Leute erst gar nicht voll auf die Lust ein. Sie bleiben auf der Hut.

Selbst im Liebesakt können die Leute sich nicht aufgeben, behalten sie die Kontrolle. Eine versteckte Kontrolle, eine Art Fernsteuerung behalten sie bei. Sie behalten irgendwo den Finger auf dem Knopf. Wenn da etwas zu weit geht und sie im Begriff sind die Grenze zu überschreiten, schalten sie ihn ab. Aber sie gehen nie ganz bis ans Ende der Sache.

Die Angst sagt, dass man, wenn man sich zu weit in die Lust hineinwagt, vielleicht in die Gefilde des Leids gerät – und so ist es.

Setzt also beim Leid an. Und wenn du im Leid offen sein kannst … wenn dir manchmal nach Weinen zumute ist, weine! Wo willst du denn weinen, wenn nicht in Gegenwart deiner Frau? Schlag dir all den Unsinn aus dem Kopf, den man dir beigebracht hat: „Ein Mann weint niemals!“ Wenn ein Mann niemals weint, dann ist er kein Mann, dann ist er entweder unmenschlich oder ein Übermensch, aber eines steht fest – ein Mensch ist er nicht. Wein dich ruhig mal aus. Steh zu deinem Kummer, deiner Traurigkeit.

Weine wie ein Kind. Und das Gleiche sag ich auch zu deiner Partnerin – sie muss es ebenso halten. Und nach und nach werdet ihr merken, wie eine große Intimität heranwächst, die nichts mit der Gesellschaft zu tun hat. Und in dieser Intimität wird euch ein großes Glück beschert werden. Ihr werdet bersten vor Glück!

Aber fangt beim Leiden an; und vergesst nie, dass alles im Schmerz anfangen muss. Meditiert zusammen und öffnet eure Herzen so, wie sie sind. Manches Verkehrte, manches Morsche, manches, das es nicht wert ist, einem anderen gezeigt zu werden… Aber zumindest dem geliebten Menschen solltest du es zeigen. Auf die Art und Weise wirst du auch deinem Partner Mut machen, alles zu zeigen. Und wenn alle Karten auf dem Tisch liegen, ihr nicht einmal die Trumpfkarte versteckt, stellt sich ganz von selber Intimität ein.

Was heißt Intimität? Intimität bedeutet: „Vor dir zeig ich mich in meiner ganzen Nacktheit, werde ich nichts verbergen." Mehr ist an Intimität nicht dran. Sie bedeutet: „Wenn du im Zimmer bist, werde ich so sein, als ob ich allein wäre. Deine Anwesenheit veranlasst mich nicht, irgendetwas zu unterdrücken. Deine Anwesenheit veranlasst mich nicht, mich zu verstellen und Dinge vorzutäuschen, die nicht da sind. Ich werde mich so natürlich verhalten, als wäre ich allein im Badezimmer!" Dann herrscht Intimität.

Das ist ein Risiko. Man kann nie wissen, wohin es führen wird. Aber eines kann ich euch garantieren: Was immer geschieht – es wird wunderschön sein.

Wenn es dazu führt, dass ihr euch trennt, wird das schön sein – besser, sehr viel besser als eure so genannte Ehe. Wenn es dazu führt, dass ihr heiratet, wird es unvorstellbar schön sein. Was immer das Ergebnis eurer Intimität sein wird, ist gut; einfach weil Intimität gut ist.

Sexuelle Positionen sind unwichtig

Positionen sind unwichtig; Positionen haben nicht viel zu bedeuten. Das Wesentliche ist die Einstellung – nicht die Körperhaltung, sondern die Geisteshaltung. Doch wenn du deine Geisteshaltung änderst, wirst du wahrscheinlich auch die Körperhaltung ändern wollen, weil es zusammenhängt. Aber es ist nichts Wesentliches.

Zum Beispiel befindet sich der Mann immer über der Frau – auf der Frau obendrauf. Das ist eine egoistische Position. Weil der Mann sich immer für etwas Besseres, Höheres, Überlegenes hält – wie kann er da unter der Frau liegen!

In den primitiven Kulturen auf der ganzen Welt hingegen ist die Frau auf dem Mann. Die andere Position wird in Afrika „Missionarsstellung" genannt, denn als die ersten Missionare, christliche Missionare, nach Afrika kamen, konnten die Ureinwohner nicht begreifen, was sie da machten. Sie dachten, sie würden die Frau umbringen.

Wenn die Geisteshaltung sich ändert, wird sich vieles ändern. Es ist besser, wenn die Frau oben ist, aus vielerlei Gründen. Wenn die Frau oben ist, wird sie eher passiv sein; sie wird nicht gewalttätig sein, sondern sich einfach entspannen. Und der Mann unter ihr kann nicht viel machen; er wird sich entspannen müssen. Das ist gut so. Wenn er oben ist, ist er zu brutal. Er macht dann zu viel und die Frau braucht dann nichts machen.

Im Tantra muss man sich entspannen, darum ist es gut, wenn die Frau oben ist. Sie kann sich besser entspannen als der Mann. Die weibliche Psyche ist passiver, darum stellt sich leichter Entspannung ein.

Die Stellungen werden sich verändern, aber kümmere dich nicht allzu sehr um Stellungen. Ändere einfach deine Geisteshaltung. Überlasse dich der Lebenskraft, lass dich von ihr tragen. Eure Körper werden, wenn ihr euch wirklich hingebt, genau in die Stellung gehen, die in diesem Moment richtig ist. Wenn beide Partner sich wirklich hingeben, werden ihre Körper die Stellung finden, die sie brauchen.

Jeden Tag ändern sich Situationen, man braucht also nicht von vornherein Stellungen festlegen. Es gibt nur Probleme, sobald ihr versucht, es im Vorhinein festzulegen. Sobald ihr versucht, etwas festzulegen, passiert dieses Festlegen aus dem Verstand; dann gebt ihr euch nicht mehr hin.

Wenn ihr euch hingebt, lasst die Dinge ihre eigene Form finden.

Seid wild und verrückt beim Sex

Wenn ihr das nächste Mal Liebe macht, dann summt zusammen oder tanzt, kreischt, flippt aus, springt rum, joggt durchs Zimmer, macht irgendwelche absurden Sachen. Tut irgendwas ohne Plan und ohne Vergangenheit. Nimm nicht wieder die alte Stellung ein wie bisher, mach was Neues. Wenn du bisher immer oben warst, dann sei's diesmal nicht, lass deine Lady oben sein. Wenn ihr euch immer im Dunkeln liebt, dann liebt euch diesmal bei Tage.

Stell einfach das gewohnte Muster auf den Kopf, bring es durcheinander, und dann hat dich der Verstand einfach nicht mehr in der... weiß der Verstand weder aus noch ein. Mit etwas Neuem kann der Verstand nichts anfangen. Er wird sagen: „Ich find das blöd!", und „Was machst du nur für dummes Zeug!"

Hör nicht auf den Verstand – denn dieser Verstand will alles unter Kontrolle haben. Du musst Dinge tun, die ihm völlig gegen den Strich gehen. Fang an Grimassen zu schneiden und sag deiner Lady, dass sie die Augen schließt ... vielleicht kriegt sie ja Angst!

Beim Liebesakt atme so tief wie möglich... denn wenn du dich kontrollieren willst, läuft das hauptsächlich über den Atem, und durch das Atmen wird der Sex kontrolliert. Atme tief wie ein Tier – kreische, stoße Laute aus, spiel verrückt – dann geht dir die Kontrolle verloren. Sobald du außer Kontrolle bist, betrittst du eine völlig andere Dimension. Eine völlig andere Welt öffnet plötzlich ihre Tore, steht dir offen.

Wenn das in der Liebe passiert, dann fällt es auch beim Meditieren ganz leicht. Wenn das beim Meditieren passiert, dann wird es auch beim Lieben ganz leicht – beides hängt zusammen.

Lass das Lieben etwas Besonderes sein

Liebt euch nur, wenn ungeheures Verlangen und Leidenschaft da ist, andernfalls sag einfach: „Entschuldige, da ist nichts, warum sollten wir?“ Vortäuschen ist nicht gut. Und wenn du nichts mehr vortäuschst, wirst du feststellen, dass dein Lieben in sehr viel größere Tiefen vorgedrungen ist. Womit wir bei einem weiteren Problem sind: Die Leute schlafen viel zu oft miteinander. Sie haben es regelrecht zur Routine gemacht. Die Vorstellung, Sex sei etwas sehr Hygienisches, haben die medizinischen Autoritäten in die Welt gesetzt: „Wenn man nicht jeden Tag seinen Sex bekommt, läuft etwas schief!“ Heute erklären sie sogar, man riskiere einen Herzinfarkt, wenn man nicht täglich Sex habe. Und so stellen sie alle möglichen Behauptungen auf.

Leute haben schon jahrelang ohne Sex gelebt. So wichtig ist er nun auch wieder nicht. Er ist ein Luxus und er sollte als Luxus erfahren werden. Er sollte die Ausnahme sein, ein Fest. Er darf nicht zur Routine gemacht werden. Man sollte sich das Liebemachen für die wenigen Gelegenheiten aufsparen, wo man wirklich in Fluss ist, wenn man in einem anderen Zustand ist. Man sollte es sich als Geschenk für seltene Gelegenheiten aufheben, denn sonst wird das Leben sehr langweilig.

Genauso wie ihr jeden Tag esst und euren Tee trinkt und ein Bad nehmt, schlaft ihr auch miteinander. Das wird langweilig – immer wieder dasselbe!

Lass das Lieben etwas Besonderes sein – genau das ist es! Und warte den richtigen Moment ab. Die Leute wählen immer den falschen Moment. Meine Beobachtung ist folgende: Wann immer Partner sich streiten, gehen sie nach dem Streit ins Bett. Erst werden sie wütend und fetzen sich, dann kriegen sie Schuldgefühle, weil sie einander so etwas antun. Dann hassen sie sich erstmal selber, weil sie sich daneben benommen haben. Und nur um es wieder gutzumachen gehen sie miteinander ins Bett. Das ist fast schon zur Routine geworden: Erst streiten sich beide und dann schlafen sie miteinander. Dabei könnte man keine verkehrtere Gelegenheit finden einander zu lieben. Wie kann das befriedigend sein?

Warte die richtigen Gelegenheiten ab. Es gibt immer wieder Augenblicke… sie passieren einfach, man kann sie nicht herbeiführen. Manchmal sind sie da. Sie sind einfach göttliche Geschenke.

Eines Tages hast du plötzlich das Gefühl zu fließen, nicht auf Erden zu sein… zu fliegen! Du hast kein Gewicht mehr. Eines Tages hast du das Gefühl so offen zu sein, dass du alles, was du nur kannst, deiner Frau geben möchtest. Das ist dann der richtige Augenblick. Meditiert, tanzt, singt… und lasst es mitten im Tanzen, Singen und Meditieren zum Lieben kommen. Dann wird es eine andere Qualität bekommen – eine göttliche Qualität. Und die ist es, was ich euch lehre. Wenn Liebe göttlich wird, fühlt ihr euch einfach gesättigt, fühlt ihr euch ungeheuer wohl und daheim.

Liebesspiele – Erster Akt

Setzt euch beide hin und meditiert und wenn ihr euch beide meditativ fühlt, ist das der richtige Augenblick zum Lieben. Dann wird es niemals zu Spannungen kommen und ihr werdet die Energie fließen fühlen. Wenn ihr euch nicht meditativ fühlt, dann schlaft auch nicht miteinander. Wenn an dem betreffenden Tag das Meditieren nicht angesagt ist, dann könnt ihr auch das Lieben vergessen.

Aber was tun die Leute? Genau das Gegenteil. Fast immer streiten sich Paare erst, bevor sie sich lieben. Sie werden böse, mäkeln aneinander rum und suchen irgendwie Streit... und hinterher gehen sie ins Bett. Ihr Bewusstsein ist sehr niedrig und so kann sie das Liebemachen natürlich nicht sehr zufrieden stellen. Es wird frustrierend sein und ihr werdet die Spannung fühlen.

Liebesspiele – Zweiter Akt

Bevor ihr also mit dem Liebesakt beginnt, ehe es losgeht, bete deinen Partner an und lass deinen Partner dich anbeten. Erst also kommt das Meditieren, dann das Anbeten. Setzt euch vollkommen nackt voreinander hin und betet einander an. Denn Tantra ist nicht etwas für Mann und Frau, sondern nur etwas für Gott und Göttin. Das ist zwar nur eine Geste, aber die hat es in sich. Die gesamte Einstellung muss eine erhabene werden, sodass ihr verschwinden könnt. Berührt einander die Füße, legt dort Blumen hin.

Der Mann verwandelt sich in Shiva und die Frau verwandelt sich in Shakti. Jetzt spielt euer Menschsein keine Rolle mehr, eure Form keine Rolle mehr, euer Name keine Rolle mehr: Ihr seid nur noch Energie. Das Anbeten stellt diese Energie ganz in den Mittelpunkt.

Und spielt nicht Theater. Es muss echte Anbetung sein. Es darf nicht nur ein Ritual sein, sonst verfehlt ihr den Kern der Sache. Tantra ist kein Ritual. Es gehören zwar viele Rituale dazu, aber Tantra ist kein Ritual. Ein Ritual kann man abspulen. Du kannst dich vor ihren Füßen verneigen und sie berühren, das geht – aber das führt zu nichts. Lass es eine tief bedeutsame Geste sein. Schau sie wirklich an! Sie ist nicht mehr deine Ehefrau, nicht mehr deine Freundin, nicht einmal mehr eine Frau oder auch nur ein Körper, sondern eine Konfiguration von Energie. Lass sie erst göttlich werden, bevor du mit dem Lieben beginnst. Dann bekommt die Liebe eine andere Qualität. Sie wird göttlich werden. Das ist die ganze Methodenlehre von Tantra.

Liebesspiele – Dritter Akt

Dann ... im dritten Schritt fangt an euch zu lieben. Aber lasst das Liebemachen mehr ein Geschehen als ein Machen sein. Der englische Ausdruck ‚Liebe machen' ist hässlich. Wie kann man Liebe ‚machen'? Es hat nichts mit Tun zu tun. Es ist kein Agieren, sondern ein Zustand. Man kann darin sein, aber man kann ihn nicht machen. Man kann sich drauf einlassen, aber man kann es nicht tun. Du kannst liebevoll sein, aber du kannst es nicht manipulieren. Das gesamte westliche Denken dreht sich allein ums Manipulieren.

Selbst wenn der Geist des Westens einmal auf Gott stoßen sollte, wäre Gott geliefert. Sie würden ihn auf irgendeine Art und Weise einspannen, ihn manipulieren. Sie würden ihn sofort ‚gebrauchen', für ihn eine nützliche Verwendung finden.

Selbst das Lieben ist eine Art Tun geworden. Nein. Wenn ihr euch liebt, seid besessen. Geht ganz langsam vor, berührt einander, spielt mit dem Körper des anderen. Der Körper ist wie ein Musikinstrument. Habt es nicht so eilig! Lasst alles kommen. Wenn ihr langsam vorgeht, wird plötzlich in euch beiden die Energie aufsteigen, zusammen, so als hätte da etwas von euch Besitz ergriffen. Es wird auf Anhieb geschehen und in beiden gleichzeitig. Dann kommt nur noch Tantra infrage.

Lasst euch so langsam auf die Liebe ein ... Spürt einfach, wie da eine Energie über euch kommt, und lasst dieser Energie freien Lauf. Manchmal wird euch nach Schreien zumute sein – dann schreit. Manchmal fangt ihr plötzlich an, Sachen zu sagen – sagt sie. Manchmal wird nur ein Stöhnen hochkommen, oder bestimmte *Mudras,* Gesten – lasst sie zu. Es wird etwas Wahnsinniges an sich haben, aber man muss es zulassen. Und habt keine Angst, denn es kann nur dadurch geschehen, dass ihr es zulasst. Im selben Moment, da ihr es abbrechen wollt, hört es auf; also seid ihr nie außer Kontrolle.

Denn wenn Götter sich lieben, grenzt es an Wahnsinn. Da gelten keine Vorschriften, keine Regeln. Man überlässt sich einfach der momentanen Eingebung. Ohne Tabus... ohne Hemmungen. Was immer in diesem Moment passiert, ist schön und heilig – was auch immer, sage ich, ausnahmslos.

Wenn ihr euren Verstand einschaltet, werdet ihr es völlig kaputtmachen. Wenn dir plötzlich danach ist, an ihrem Finger zu saugen, du aber sagst: „Was für'n Quatsch!", dann hast du den Verstand eingeschaltet. Oder dir ist danach, an ihrer Brust zu saugen... nichts Verkehrtes daran. Keiner weiß, was passieren wird. Ihr überlasst euch einfach dem Strudel des Göttlichen. Er wird euch mitreißen, wo immer er hin will. Ihr seid einfach nur da, bereit mit ihm zu gehen. Aber ihr lenkt ihn nicht... ihr seid lediglich zum Vehikel geworden. Überlasst euch ganz euren Energien.

Der Mensch sollte sich völlig raushalten – einfach nur reine Energie. Ihr werdet euch nicht nur mit euren

Genitalien lieben, ihr werdet euch mit dem ganzen Körper lieben.

Das Nachspiel

Je länger das Vorspiel, desto besser die Chance zum Höhepunkt zu kommen. Je besser die Chance zum Höhepunkt zu kommen, desto besser die Voraussetzung für das Nachspiel. Und solange ein Paar nichts vom Nachspiel weiß, wird es niemals wissen, was Sex in seiner vollen Tragweite bedeutet.

Es gibt heutzutage Sexologen, die das Vorspiel lehren. Ein einstudiertes Vorspiel geht zwar am Kern der Sache vorbei, aber sie tun's trotzdem... zumindest haben sie die Tatsache erkannt, dass Sex ohne Vorspiel nicht zum Höhepunkt kommen kann. Sollten sie jedoch auch das Nachspiel lehren wollen, stünden sie auf verlorenem Posten; denn wer zum Höhepunkt gekommen ist, der hat kein Interesse mehr – er ist ‚fertig', der Job ist erledigt. Dazu bedarf es einer romantischen, einer poetischen Einstellung, einer Einstellung, die dankbar, die erkenntlich zu sein versteht.

Der andere, der dich zu einem solchen Höhepunkt gebracht hat – egal ob Frau oder Mann –, hat eine gewisse Dankbarkeit verdient, das Nachspiel ist deine Dankbarkeit. Und solange das Nachspiel noch fehlt, heißt das nichts anderes, als dass euer Sex noch nicht vollständig ist; und unvollständiger Sex ist die Ursache aller Probleme, unter denen die Menschheit leidet.

Der Sex kann nur dann orgasmisch werden, wenn

sich Vor- und Nachspiel völlig die Waage halten. Genau in dieser Balance schlägt der Höhepunkt um in Orgasmus. Und das Wort ‚Orgasmus' will richtig verstanden sein. Es bedeutet, dass dein ganzes Wesen – Körper, Geist, Seele, alles – einbezogen ist, organisch einbezogen.

Dann wird daraus ein Augenblick der Meditation.

Jeder Moment – ein orgasmischer Zustand

Sex ist eure Lebensenergie. Wenn ihr den Sex in höhere Formen transformiert, wird er sich aus seinen niederen Erscheinungsformen verabschieden. Aber dadurch wird euch nichts entgehen.

Mit jedem höheren Zustand wird euch diese Energie immer mehr Seligkeit bescheren. Je höher sie steigt... schwillt sie zu einer Flut von Glückseligkeit an! Ihr fangt an, euch in jeder Faser eures Wesens orgasmisch zu fühlen. Da scheint der sexuelle Orgasmus nur noch ein ganz entferntes Echo zu sein, fast so, als hättet ihr ihn nur geträumt – nur eine blasse Erinnerung.

Denn das, was euch da jetzt widerfährt, ist so authentisch und so real und so handfest, dass ihr keinen Gefährten mehr braucht. Auch dies ist ja eine der grundlegendsten Abhängigkeiten und genau darum liegen sich alle Paare ja auch ständig in den Haaren – nämlich aus dem einfachen Grunde, dass niemand von irgendwem abhängig sein möchte. Das nimmt einem jegliche Würde, Individualität und Freiheit. Das macht einen auf versteckte Weise zum Sklaven.

Ein Meditierer erreicht irgendwann einen Zustand, wo er niemanden braucht, der ihm Vergnügen bereitet. Er ist so voller Seligkeit, dass er überfließt; er kann anderen davon abgeben, er kann die ganze Welt mit seiner Seligkeit füllen. Sein ganzes Wesen ist orgasmisch geworden.

Nun noch etwas ungemein Bedeutsames, etwas das man nicht vergessen soll: Du bist beides, sowohl Mann als auch Frau. Jeder Mann hat seine Frau in sich und jede Frau hat ihren Mann in sich. Nur wer meditiert, erkennt sein ganzes Wesen. Plötzlich verschmelzen seine innere Frau und sein innerer Mann miteinander und werden eins. Das löst in ihm einen orgasmischen Zustand aus. Jetzt ist das aber keine flüchtige Erfahrung mehr, die kommt und geht, sondern etwas, das immer weitergeht – tagein, tagaus, wie der Herzschlag oder das Atmen. Jeden Augenblick befindet er sich in einem orgasmischen Zustand.

Natürlicherweise löst sich der Sex dann auf. Eine höhere Erfahrung ist an seine Stelle getreten. Die Sonne ist aufgegangen. Warum sollte man unnötigerweise noch eine Kerze brennen lassen? Natürlich bläst man sie aus. Wenn jemand im Sonnenlicht seine Kerze brennen lässt, zeigt das nur eines – er ist blind.

Wer meditiert, erlebt eine so unendlich weite Erfahrung von Freude, dass alle anderen Vergnügungen dagegen verblassen.

Akzeptiere dein Leben so, wie es ist

Wenn ein Pfau sein Rad schlägt, verdammt ihr ihn nicht. Aber sein Tanz ist Sex – er will das Weibchen anlocken. Wenn der Kuckuck ruft, verdammt ihr ihn nicht; es ist Sex. Der Kuckuck erklärt lediglich: „Ich bin bereit!" Der Kuckuck ruft lediglich sein Weibchen herbei. Dieser Ton, dieser wunderschöne Ton, ist nichts als Verführung, als Werbung.

Wenn ihr das Leben beobachtet, werdet ihr überrascht sein: Das ganze Leben dreht sich um Sex. Das Leben reproduziert sich durch Sex. Es ist ein natürliches Phänomen.

Dies gilt es als Erstes zu verstehen, wenn ihr wollt, dass sich eure Sexenergie jemals transformiert. Das Erste ist: Verleugnet sie nicht, lehnt sie nicht ab, unterdrückt sie nicht. Seid nicht zu gierig danach, denkt nicht: „Das ist es!" – das ist es nicht.

Es ist sehr viel mehr dran am Leben. So herrlich der Sex auch ist – das Leben hat sehr viel mehr zu bieten. Der Sex bildet nur das Fundament; er ist nicht der ganze Tempel.

Wird er unterdrückt, wird er zu Sexualität. Fantasiert, wird er zu Sexualität. Ersteres ist ein östlicher Weg, den Sex zu etwas Pathologischem zu machen, Letzteres ist ein westlicher Weg.

Nicht nur, dass Sex zu Liebe wird: Eines Tages wird er zu Andacht, ja Anbetung. Er steigt höher und höher auf. Seine höchste Form ist Andacht, seine niedrigste Form ist Sex. Zwischen beiden liegt die Liebe. Liebe ist die Brücke. Sexualität ist abnormal; sie ist pathologisch, sie ist krank. Wenn man sich also für den pathologischen Weg entschieden hat, den der Menschen im Osten oder den im Westen, das spielt dann keine Rolle mehr.

Akzeptiere dein Leben so, wie es ist, und lass diese Akzeptanz so total wie möglich sein. Wenn du nicht gegen dich kämpfst, findet deine Energie allmählich von selber zu einer subtilen Harmonie. Und diese Harmonie führt dich zur Liebe. Und wenn die Harmonie mit der Zeit immer feiner wird, führt sie dich bis zur Andacht. Und solange der Sex noch nicht zu Andacht geworden ist, vergiss das nicht, bist du noch nicht am Ziel angekommen.

Andacht ist die höchste Liebe

Andacht ist die höchste Liebe; Liebe mit dem Ganzen, Liebe mit dem All. Und diejenigen, die nicht geliebt haben, können nicht zur Andacht gelangen. Liebe ist der erste Schritt, und Andacht ist der letzte. Andacht bedeutet, du liebst das Ganze, und das Ganze liebt dich. Wenn sogar durch ein einziges Individuum solch ein Blühen in dir geschehen kann, was denkst du, wenn du empfindest, dass das Ganze dich liebt?

Andacht ist, wenn du Gott liebst, und Gott dich liebt. Und wenn Liebe und Andacht in deinem Leben nicht vorhanden sind, dann gibt es nur Angst.

Wenn die Liebe verpasst ist, kannst du niemals andächtig sein, denn Andacht ist kosmische Liebe. Du kannst die Liebe nicht auslassen und Andacht erreichen. Viele Leute haben es probiert, sie liegen tot in den Klöstern. Wegen der Angst haben sie versucht, die Liebe komplett zu vermeiden. Sie haben versucht, eine Abkürzung zu finden, direkt von ihrer Angst zur Andacht.

Christen und Hindus und Buddhisten – alle Mönche haben das getan. Sie haben versucht, Liebe komplett auszulassen. Ihr Gebet wird falsch sein. Ihr Gebet wird kein Leben haben. Ihr Gebet wird nirgends gehört werden, und der Kosmos wird nicht auf ihr Gebet antworten. Sie versuchen, den ganzen Kosmos hinters Licht zu führen. Nein, man muss durch die Liebe hindurch gehen. Von der Angst, geh in die Liebe. Von der Liebe wirst du zur Andacht gelangen, und aus der Andacht entsteht Furchtlosigkeit. Ohne Liebe Angst; mit Liebe Furchtlosigkeit, und die endgültige Furchtlosigkeit besteht in der Andacht, denn dann ist nicht einmal der Tod mehr eine Angst, denn dann gibt es keinen Tod.

Ich nenne dies drei Stufen: Leben, Liebe und Licht. Leben ist schon da. Liebe musst du erlangen. Du kannst sie verpassen, weil sie nicht gegeben wird; man muss sie erschaffen. Dort hört natürliche Evolution auf. Liebe musst du finden. Natürlich gibt es Gefahren, Gefährdungen, aber sie alle machen sie schön.

Du musst Liebe finden. Und wenn du Liebe findest, erst dann kannst du Licht finden. Dann entsteht Andacht. Tatsächlich, in tiefer Liebe beginnen die Menschen, die Liebenden, sich unbemerkt nach und nach in Richtung Andacht zu bewegen. Denn die höchsten Momente der Liebe sind die ersten Momente der Andacht.

Magische Augenblicke

Liebe ist eine zarte Kunst; da kannst du eigentlich nichts wirklich machen. Ab und zu stellen sich diese seligen Augenblicke einfach ein… dann erhascht ihr einen Zipfel des Unbekannten, seid ihr nicht länger auf Erden, seid ihr im Paradies.

Du liest gemeinsam mit dem oder der Geliebten ein Buch, beide seid ihr vertieft darin und plötzlich spürt ihr, wie sich eine andere Daseinsqualität auf euch herabgesenkt hat. Beide seid ihr von einer Art Aura umhüllt und alles atmet Frieden. Dabei habt ihr überhaupt nichts direkt dazu getan. Ihr habt einfach nur ein Buch gelesen oder einen langen Spaziergang gemacht, seid Hand in Hand gegen den starken Wind angegangen – und plötzlich ist es da. Es kommt immer unangemeldet.

Lernt also, Dinge gemeinsam zu tun.

Ich habe so viele Menschen beobachtet, tausende von Paaren: Die Menschen haben völlig die Sprache vergessen, wie man etwas gemeinsam macht oder auch wie man überhaupt nichts macht und einfach nur zusammen ist. Das haben die Menschen vergessen. Wenn sie nichts zu tun haben, dann machen sie halt Liebe. Das bringt auf die Dauer auch nicht viel und nach und nach haben sie selbst noch die Liebe satt und dann verliert das Leben ganz seinen Sinn. Denn wenn die Liebe sinnlos wird, wird das Leben sinnlos.

Mann und Frau sind verschieden – nicht nur verschieden, sie sind Gegensätze, sie passen einfach nicht zusammen. Aber gerade das ist das Schöne – denn wenn sie dann doch zusammenpassen, ist es ein Wunder, ein magischer Augenblick!

Hingabe an die Liebe

Wenn du an einen Baum gelehnt dasitzt, schließe einfach die Augen, fühle den Baum. Umarme den Baum, sei einfach eins mit ihm, so als wärst du mit deinem Geliebten zusammen. Und manchmal... aber das lässt sich nicht vorhersagen; ich kann nicht sagen, dass es jedes Mal passieren wird. Nur ab und zu wird es passieren, denn es muss passieren, ob du willst oder nicht... darum also nur „ab und zu".

Oder, du liebst gerade deine Frau, verschmilzt in ihrer Wärme ... Vergiss für einen Moment allen Sex, vergiss für einen Moment alles, was dir dabei durch den Kopf geht in deiner Fantasie: Verschmilz für einen Moment einfach mal mit der wirklichen Frau. Stell dir nicht irgendwelche pornografischen Bilder vor, sperr die Sexualität nicht in dein Gehirn ein.

Lass deine Sexualität zu einer tiefen Sinnlichkeit werden, zu einer Feinfühligkeit aus dem Bauch heraus. Verschmilz mit der Frau, so als wärst du wieder ein Kind im Mutterschoß. Solange du das noch nicht mit deiner Geliebten erlebt hast, hast du deine Geliebte noch nicht erkannt. Wieder zum Kind geworden im Schoß der Mutter, absolut zusammengehörig, keinerlei Distanz zwischen euch – und in dem Augenblick wird dir aufgehen, was Hingabe heißt.

Aber das männliche Ego macht immer nur Schwierigkeiten. Selbst wenn du mit deiner Frau zusammen bist, versuchst du die Oberhand zu behalten. Selbst in eurer Sprache habt ihr hässliche Ausdrücke eingeführt: Wir nennen es „Liebe machen“. Wie könntet ihr Liebe machen? Niemand kann Liebe machen. Aber nicht ohne Grund hat sich das in die Sprache eingeschlichen. Genau das versuchen nämlich die Leute: Liebe zu machen. Selbst in der Liebe bleiben sie die Macher. Und so entgeht ihnen die größte Gelegenheit zu erfahren, was Hingabe heißt.

Und heutzutage habt ihr sogar Handbücher dafür: „Wie man Liebe macht.“ „Wie man den totalen Orgasmus bekommt!“ Und dann lesen die Leute diese Bücher und befolgen die Anweisungen... Ich kenne Dummköpfe, die mit ihrer Frau im Bett liegen, neben sich das aufgeschlagene Handbuch, und dann blättern sie nach, wie man den totalen Orgasmus hinkriegt.

In den wenigen Augenblicken im Leben, wo du nicht der Macher bist, nicht der Alleswisser, wo du einfach nur bist, wirst du einen Geschmack davon bekommen. Es kann durch Schönheit geschehen, es kann durch Dichtung geschehen, es kann durch Musik geschehen, es kann durch viele Türen hereinkommen. Gott hat viele Türen zu seinem Tempel.

Beziehungen ohne Probleme gibt es nicht

Eine Beziehung ist ein Rätsel ohne Lösung. Ihr könnt es drehen und wenden, wie ihr wollt, ihr werdet sie nie in den Griff bekommen. Niemand hat sie je in den Griff gekriegt. So wie sie gebaut ist, ist und bleibt sie rätselhaft. Je mehr man versucht, sie zu entmystifizieren, desto mysteriöser wird sie. Je mehr ihr versucht sie zu verstehen, desto mehr entgleitet sie euch.

Sie ist ein größerer Koan als jeder Koan, den die Zenmeister ihren Schülern zu knacken geben; denn deren Koans sind meditativ – da ist man mit sich allein. Wenn ich euch den Koan der Beziehung zu knacken gebe, ist der weit komplizierter. Dann da seid ihr zu zweit – verschieden gestrickt, verschieden geprägt, einander polar entgegengesetzt, in verschiedene Richtungen strebend, einander manipulierend, Besitz ergreifend, herrschen wollend... da gibt es tausend und ein Problem.

Wenn man meditiert, beseht das einzige Problem darin, still zu werden, sich nicht in Gedanken zu verstricken. In einer Beziehung treten tausend und ein Problem auf. Wenn du still bist, ist das ein Problem. Setz dich einfach mal still neben deine Frau und du wirst sehen... sie wird dich sofort anspringen: „Warum bist du so still? Was ist los?“ Oder sprich und du wirst Probleme haben – du kannst sagen, was du willst, du wirst immer missverstanden.

Keine Beziehung kann je an den Punkt kommen, wo es kein Problem mehr gibt. Oder: Wenn ihr mal eine Beziehung seht, die sich dem Punkt nähert, wo es kein Problem mehr gibt, dann bedeutet das lediglich, dass es gar keine Beziehung mehr ist. Die Beziehung hat sich verflüchtigt – die Kämpfer sind müde, sie haben sich in alles gefügt, wie es ist. Sie langweilen sich, sie wollen sich nicht mehr streiten. Sie haben es akzeptiert, sie wollen es nicht mehr verbessern.

Oder wie in früheren Zeiten, als die Leute versucht haben, eine Art Harmonie mit Gewalt herzustellen. Das ist der Grund, warum zu allen Zeiten die Frauen unterdrückt worden sind: das war ein Weg, Frieden zu stiften: Man zwingt einfach die Frau, dem Mann zu folgen, dann gibt es kein Problem mehr. Aber das ist dann auch keine Beziehung. Wenn die Frau keine unabhängige Person mehr ist, verschwindet das Problem. Aber dann ist auch die Frau verschwunden. Dann ist sie nur noch ein Gebrauchsgegenstand; dann ist da keine Freude mehr und der Mann hält Ausschau nach einer anderen Frau.

Beziehungen sind ein Koan.

Liebe und Meditation

Sobald eure Liebe über die Liebe hinaus auch zur Meditation wird, werdet ihr zu Reisegefährten. Dann ist es keine gewöhnliche Beziehung zwischen Eheleuten mehr. Dann wird daraus Freundlichkeit auf dem Wege zur Entdeckung der Mysterien des Lebens.

Mann und Frau sind die zwei Hälften eines Ganzen. Statt also eure Zeit mit Streiten zu vertun, versucht lieber einander zu verstehen. Versucht euch ineinander zu versetzen, versucht es mit den Augen eines Mannes zu sehen, versucht es mit den Augen einer Frau zu sehen. Und vier Augen sehen immer mehr als zwei Augen... so bekommt ihr das komplette Bild zu sehen, könnt ihr es aus allen vier Himmelsrichtungen betrachten.

Nur eines dürft ihr nicht vergessen: dass eure Liebe ohne Meditation zum Scheitern verurteilt ist. Dann besteht keine Möglichkeit für ihr Gelingen. Man kann zwar so tun als ob, man kann die anderen betrügen, aber man kann sich nicht selber betrügen. Tief drinnen weißt du, dass all die Verheißungen, die dir die Liebe einst gemacht hat, unerfüllt geblieben sind.

Mann oder Frau, für jeden allein wird die Reise sehr beschwerlich und sehr lang werden... sie kennen das aus ihrer Vergangenheit. Das ist der Grund warum alle Religionen angesichts dieses ewigen Konflikts zu dem Schluss kamen, dass jeder Sucher sich vom anderen Geschlecht abkehren sollte. Die Mönche sollten zölibatär leben, die Nonnen sollten zölibatär leben. Aber wie viele Mönche und wie viele Nonnen haben in fünftausend Jahren Menschheitsgeschichte ihre Seelen verwirklicht? Ihr könnt mir nicht genug Namen nennen für alle zehn Finger. Und das bei Millionen von Mönchen und Nonnen gleich welcher Religion – Buddhisten, Hindus, Christen, Muslime…

Wie konnte es dazu kommen? So lang ist die Reise gar nicht; das Ziel ist nicht so weit weg. Aber selbst wenn man nur zu seinem Nachbarhaus gehen möchte, braucht man dazu beide Beine. Wie weit kann man kommen, wenn man nur auf einem Bein hüpft?

Nur durch Meditation gewinnt eure Liebe ganz neue Farben, neue Melodien, neue Lieder, neue Tänze… weil euch das Meditieren die nötige Einsicht verleiht, euren polaren Gegensatz zu verstehen. Und genau in diesem Verstehen löst der Konflikt sich auf.

Trennungsschmerz

Wenn der Geliebte oder die Geliebte verschwindet, ist da plötzlich ein Loch. Denn jetzt fehlt dir der Spiegel, in dem du dein Gesicht sehen konntest. Dein Gesicht ist weg! Jetzt weißt du nicht mehr, wer du bist, weil dir dein Partner deine Definition verlieh. Er war es, dem du deinen Umriss verdanktest: „Schau, das bist du!" – und der diese Definition zusammenhielt. Und dein Partner wird sich ebenfalls verloren fühlen, denn genauso hattest du die Funktion, sein Ego zu definieren.

Das ist das eigentliche Problem, wenn Liebespaare sich trennen. Was haben sie nicht alles ineinander investiert! Das ist der Grund, warum so viele Leute weiterhin zusammenbleiben, auch wenn die Liebe schon längst verschwunden ist… sie können es sich einfach nicht leisten, den anderen zu verlieren. Die Liebe ist längst entschwunden oder war vielleicht von vornherein niemals da gewesen. Und sie wissen das, es ist ihnen wohl bewusst und es macht sie auch unglücklich, aber was können sie tun? Tausend und ein Mal denken sie daran sich zu trennen, aber der bloße Gedanke an Trennung löst Angst aus, weil der andere das eigene Selbstbild in seinen Händen hält. Kaum ist der andere nicht mehr da, weißt du nicht mehr, wer du bist. Plötzlich verlierst du deine Identität, verlierst du deine Seele, dein Selbst…

Fang diesmal an mit deinem Alleinsein zu leben.

Das ist das Loch. Versuch diesmal nicht es zu stopfen. Lass es da sein. Schwer, hart, bitter... es wird dich sehr traurig machen und deprimieren. Aber lass es da sein, lerne jetzt allein zu leben.

Ich sage ja nicht, dass du dein ganzes Leben lang allein bleiben sollst, aber lerne nun erstmal allein zu leben und suche dir danach einen Partner. Dann wird sich die Beziehung auf einer völlig anderen Ebene abspielen, muss sie kein Spiegel mehr sein. Du kannst allein leben und nur dann kannst du lieben. Dann ist die Liebe kein neurotisches Bedürfnis mehr, ist sie nicht mehr etwas, ohne das du nicht auskommen kannst, um dich zu definieren: Du kannst allein sein. Du weißt inzwischen, wer du bist, auch ohne deine Liebe. Dann wird Liebe zu einem Austausch. Dann möchtest du mit anderen teilen, weil du aus dem Vollen schöpfst. Jetzt ist Liebe kein Bedürfnis mehr, sondern ein Luxus. Und wenn Liebe zu einem Luxus wird, ist sie wunderschön

Wenn du allein zu leben vermagst... glücklich, frohen Herzens! – und kein Bedürfnis mehr da ist, kein Loch mehr in dir gähnt und du dich nicht einsam fühlst, sondern dein Alleinsein genießt; wenn dir der andere nicht mehr fehlt und stattdessen dein eigenes Wesen da ist – dann kannst du mit anderen teilen.

Sex und Samadhi

Um eine Frau oder einen Mann lieben zu können, brauchst du eine neue Art von Sein, das seinen polaren Gegensatz akzeptieren kann. Und nur mit dem polaren Gegensatz… es ist wie beim Strom, der auch nur zustande kommt, wenn negative und positive Elektrizität zusammenkommen.

Ganz genauso sind, wenn die elektrischen Ströme des Lebens aufeinander treffen – Mann und Frau, Yin und Yang, Shiva und Shakti… wenn es zu dieser Vereinigung kommt, dieser Verschmelzung, dieser völligen Selbstvergessenheit, dieser Trunkenheit – dann sind beide als getrennte Wesenheiten, als getrennte Egos verschwunden. Sie sind nicht mehr getrennt vorhanden, und so pulsieren sie als ein Ganzes – zwei Körper in einer Seele. Das ist der erste Vorgeschmack von Nicht-Verstand, Nicht-Ego, Nicht-Zeit und das ist die erste Erfahrung von *Samadhi*.

Sobald du diese Erfahrung gemacht hast, taucht ein neues Verlangen auf: Wie erlangst du dieses *Samadhi*, und zwar so, dass es zu deiner natürlichen Lebensweise wird und du nicht mehr auf eine Frau, nicht mehr auf einen Mann angewiesen bist? … denn Abhängigkeit führt zu Sklaverei. Nur aus der Erfahrung des heterosexuellen Orgasmus heraus fängt der Mensch an zu suchen, um neue Mittel und Wege, neue Methoden zu finden…

Yoga, Tantra, Tao… damit er oder sie wieder denselben Zustand erlangen kann, nur eben ganz auf sich selbst gestellt. Und ja, es ist möglich; denn tief im Innern eines jeden Mannes steckt sowohl ein Mann wie eine Frau; die eine Hälfte stammt vom Vater, die andere von der Mutter; ebenso wie auch eine jede Frau halb Frau, halb Mann ist.

Wenn du also erst einmal diese Entdeckung gemacht hast mithilfe deines äußeren Partners, hast du eine erste Ahnung davon bekommen, dass das auch in deinem Inneren möglich ist. Die äußere Frau war nur der Auslöser, der äußere Mann hatte nur als Katalysator gedient... jetzt fängst du an zu meditieren.

Die Welt des Seins

Es gibt eine Sehnsucht nach Einswerden... aber auf der biologischen Ebene, auf der körperlichen Ebene ist ein Einswerden ausgeschlossen. Selbst im Liebesakt seid ihr nicht eins; die Trennung auf der physischen Ebene ist unvermeidlich.

Nur kindische Leute meinen, sie würden einander kennen. Du kennst ja nicht einmal dich selbst, wie kannst du da auch nur daran denken, deinen Partner zu kennen?

Weder kennt dein Partner sich selbst noch kennst du dich selbst. Zwei unbekannte Wesen, zwei Fremde, die keinen Schimmer haben, wer sie selber sind, versuchen einander zu kennen... ein zweckloses Unterfangen! Das muss ja in Frustration enden, muss einfach scheitern. Und genau deswegen haben alle Liebespaare so viel Wut aufeinander. Sie bilden sich ein, der Partner verwehre ihnen einfach den Zutritt zu seiner Privatwelt: „Er hält mich auf Abstand, er will mich nicht an sich ranlassen!" Und sie denken beide gleich. Aber das stimmt nicht, alle Anklagen sind falsch. Es ist einfach so, dass sie das Gesetz der Natur nicht verstehen.

Auf der Ebene des Körpers könnt ihr euch zwar nahe kommen, aber nicht eins werden. Nur auf der Ebene des Herzens könnt ihr eins werden... aber auch das nur für Augenblicke, nicht auf Dauer. Auf der Ebene des Seins seid ihr eins. Da braucht ihr gar nicht erst eins zu werden; ihr braucht es bloß zu entdecken.

Selbst in der Begegnung von Herz zu Herz – wie süß, wie unglaublich beglückend sie auch immer sein mag – fehlt noch etwas. Denn sie findet nur für einen Augenblick statt und danach sind die Fremden wieder Fremde.

Bevor du nicht die Welt des Seins entdeckt hast, wird deine Sehnsucht nach dem Einswerden ungestillt bleiben. Und die seltsame Tatsache ist: Am selben Tag, da du eins mit dem geliebten Menschen wirst, wirst du auch eins werden mit der gesamten Existenz!

Wegweiser zur einer größeren Liebe

Keine Beziehung kann befriedigen. Warum? Weil jede Beziehung nur ein Wegweiser in Richtung der endgültigen Beziehung ist, nur ein Meilenstein ist, aber kein Ziel. Jede große Liebe ist nur ein Hinweis auf eine höhere große Liebe, die noch immer aussteht – nur ein Vorgeschmack, aber dieser Vorgeschmack kann weder deinen Durst stillen noch deinen Hunger sättigen. Im Gegenteil: Dieser kleine Vorgeschmack wird dich nur immer durstiger, wird dich nur immer hungriger machen.

Das ist es, was in jeder Beziehung passiert. Statt euch Zufriedenheit zu schenken, macht sie euch ungeheuer unzufrieden. Jede Beziehung auf dieser Erde scheitert – und es ist gut, dass sie scheitert; es wäre ein Fluch, wenn sie nicht scheiterte. Es ist ein Segen, dass sie scheitert.

Denn nur, weil jede Beziehung scheitert, brecht ihr überhaupt erst zur Suche nach der letztendlichen Beziehung auf – der mit Gott, mit der Existenz, mit dem Kosmos. Wieder und wieder erkennt ihr die Sinnlosigkeit, dass euch kein Mann, keine Frau befriedigen kann, dass jede Erfahrung in gewaltiger Frustration endet; zwar mit großen Hoffnungen beginnt, aber euch in völliger Hoffnungslosigkeit zurücklässt.

Es ist immer so: Es fängt mit einer großartigen Romantik an und endet mit einem bitteren Nachgeschmack. Wenn das wieder und wieder passiert, muss man etwas dazulernen – nämlich dass alle Beziehungen nur ein Übungsfeld sind, wo ihr euch auf die letztendliche Beziehung vorbereiten sollt, für die endgültige große Liebe.

Und darum dreht sich alle Religion.

Über den Autor

Oshos Lehren widerstehen jegliche Kategorisierung, sie gehen von der persönlichen Sinnsuche bis hin zu den dringendsten sozialen und politischen Fragen, mit der die Welt heute konfrontiert ist.

Seine Bücher sind nicht geschrieben, sondern aus zahllosen Tonband- und Videoaufnahmen transkribiert. Er hat über einen Zeitraum von 35 Jahren vor einer internationalen Zuhörerschaft stets aus dem Stegreif gesprochen. Der Londoner Sunday Times zufolge zählt Osho zu den „1000 Machern des 20.Jahrhunderts“; der amerikanische Romanautor Tom Robbins hat ihn einmal „den gefährlichsten Mann seit Jesus Christus“ genannt.

Osho selbst beschreibt sein Werk als „Beitrag, die Voraussetzungen für die Entstehung einer neuen menschlichen Lebensweise zu schaffen“. Diesen neuen Menschentypus hat er immer wieder als „Sorbas der Buddha“ umschrieben – also ein Menschen, der nicht nur wie Sorbas der Grieche die irdischen Freuden zu schätzen weiß, sondern ebenso sehr die stille Heiterkeit eines Gautam Buddha. Wie ein roter Faden zieht sich durch alle Aspekte von Oshos Arbeit die Vision einer Verschmelzung der zeitlosen Weisheit des Ostens mit den höchsten Potenzialen westlicher Wissenschaft und Technik.

Vor allem seine revolutionären Neuansätze zur Wissenschaft der inneren Transformation haben Osho berühmt gemacht. Denn seine Auffassung von Meditation wird dem rasanten Tempo einer modernen Lebensweise gerecht. Seine innovativen „aktiven Meditationen“ basieren auf dem Gedanken, dass erst der in Körper und Geist angesammelte Stress abgebaut werden muss, um frei von Gedanken und entspannt einen meditativen Zustand zu erfahren.

Das „Osho Meditation Resort“

Das Osho Meditation Resort ist ein Platz, an dem Menschen eine ganz neue Lebensweise erfahren können – geprägt von mehr Bewusstheit, Entspannung und Lebensfreude. Etwa 100 km südöstlich von Mumbai im indischen Pune gelegen, hat dieser Platz ein reichhaltiges Programm zu bieten; Tausende von Menschen aus mehr als hundert Ländern weltweit besuchen den Platz Jahr für Jahr.

Die Stadt Pune, ursprünglich eine Sommerresidenz für Maharadschas und reiche Briten der Kolonialzeit, hat sich zu einer blühenden modernen Großstadt entwickelt, die heute eine ganze Reihe von Universitäten und high-tech Industrien beherbergt. Das Meditation Resort erstreckt sich über ca. 15 Hektar inmitten eines von prächtigen alten Baumalleen gesäumten Villenviertels namens Koregaon Park. Das Resort bietet Unterkunftsmöglichkeiten auf dem Campus im neuerbauten Guesthouse; daneben gibt es aber noch ein breites Angebot an nahegelegenen Hotels und Privatappartments.

Das Programm des Resorts gründet auf Oshos Vision einer qualitativ neuen Art von Mensch, der nicht nur sein Alltagsleben schöpferisch zu gestalten vermag, sondern auch Zugang zu entspannter Stille und Meditation findet.

Praktisch alle Veranstaltungen finden in modernen, klimatisierten Räumlichkeiten statt. Angeboten werden u.a. Einzelsitzungen, Kurse und Workshops zu allen möglichen Themen – von den bildenden Künsten bis hin zu ganzheitlichen Heilmethoden, von persönlicher Transformation bis hin zu Therapie, esoterischer Wissenschaft, Sport- und Fitnessprogrammen mit ‚Zen'-Akzent, Beziehungsthemen und Angebote für Menschen, die in grundlegenden Veränderungsphasen ihres Lebens sind. Und natürlich gibt es ganzjährlich die täglich stattfindenden Meditationen im Resort.

In den Cafés und Restaurants unter freiem Himmel stehen sowohl Menus der indischen Küche als auch eine breite Palette internationaler Gerichte zur Wahl. Verarbeitet werden nur Gemüse aus organisch-kontrolliertem Anbau von der Farm des Resorts. Der Campus verfügt über sicheres, gefiltertes Wasser aus der eigenenen Trinkwasseranlage.

www.osho.com/resort.

Weitere Titel zum Thema Tantra & Meditation

Das Gesamtwerk „Vigyan Bhairav Tantra"

Oshos Diskurse über das Vigyan Bhairav Tantra, auch bekannt unter dem Titel „Das Buch der Geheimnisse", ist als Gesamtausgabe (ISBN 3-933556-16-3) in fünf Bänden publiziert. Bände auch einzeln erhältlich

Band 1: Das Buch der Geheimnisse

432 S., Leinen gebunden
ISBN 3-925205-91-8

Band 2: Die Welt des Tantra

448 S., Leinen gebunden
ISBN 3-925205-99-3

Band 3: Das Mysterium der Liebe

416 S., Leinen gebunden
ISBN 3-933556-02-3

Band 4: Das Licht der Bewußtheit

432 S., Leinen gebunden
ISBN 3-933556-05-8

Band 5: Das Potential der Leere

432 S., Leinen gebunden
ISBN 3-933556-08-2

Weitere Titel von Osho (eine Auswahl)

Meditation

- Was ist Meditation?
- Das Orangene Buch
- Meditation- - die erste und letzte Freiheit
- MorgenMeditationen – Einstimmungen in den Tag
- Das Feuer der Meditation

Mann / Frau

- Der Traum von Mann und Frau
- Beziehungsdrama oder Liebesabenteuer

Lebensfreude

- Intelligenz des Herzens
- Leben, Lieben, Lachen

Östliche Weisheit

- Das Yoga Buch
- Das Hara Buch
- Das Chakra Buch